NOVO MANUAL DE MEDITAÇÃO

Ordem sugerida, para iniciantes, de estudo ou de leitura dos livros de Venerável Geshe Kelsang Gyatso Rinpoche

Como Transformar a sua Vida
Como Entender a Mente
Caminho Alegre da Boa Fortuna
O Espelho do Dharma com Adições
Novo Coração de Sabedoria
Budismo Moderno
Solos e Caminhos Tântricos
Novo Guia à Terra Dakini
Essência do Vajrayana
As Instruções Orais do Mahamudra
Grande Tesouro de Mérito
Novo Oito Passos para a Felicidade
Introdução ao Budismo
Como Solucionar Nossos Problemas Humanos
Contemplações Significativas
O Voto Bodhisattva
Compaixão Universal
Novo Manual de Meditação
Viver Significativamente, Morrer com Alegria
Oceano de Néctar
Joia-Coração
Clara-Luz de Êxtase
Mahamudra-Tantra

Este livro é publicado sob os auspícios do
Projeto Internacional de Templos da NKT-IKBU,
e o lucro recebido com a sua venda está direcionado para
benefício público através desse fundo.
[Reg. Charity number 1015054 (England)]
Para mais informações:
www.tharpa.com/br/beneficie-todos

VENERÁVEL GESHE KELSANG
GYATSO RINPOCHE

Novo Manual de Meditação

MEDITAÇÕES PARA TORNAR NOSSA VIDA FELIZ E SIGNIFICATIVA

3ª edição

EDITORA THARPA
BRASIL • PORTUGAL
São Paulo, 2021

Primeira edição em língua inglesa como *Manual de Meditação* em 1990.
Quarta edição em língua inglesa, publicada como
Novo Manual de Meditação, em 2003.
Quinta edição em língua inglesa em 2013.

Primeira edição em língua portuguesa como *Manual de Meditação* em 1995.
Segunda edição em 2002.
Primeira edição em língua portuguesa como *Novo Manual de Meditação* em 2005.
Reimpresso em 2009, 2012, 2015 e 2016.
Segunda edição em língua portuguesa em setembro de 2016 (a partir
da quinta edição em língua inglesa, 2013).
Terceira edição em língua portuguesa em novembro de 2021 (a partir
da 4ª impressão – em 2019 – da quinta edição em língua inglesa).

Título original:
New Meditation Handbook: Meditations to Make our Life Happy and Meaningful

Tradução do original autorizada pelo autor.

Tradução, Revisão e Diagramação Tharpa Brasil

Design da capa: NTK-UBKI 2019
As ilustrações em linha incluem imagens provenientes
da Roda da Vida, bem como os oito símbolos auspiciosos.

ISBN 978-65-86468-26-7 – brochura
ISBN 978-65-86468-25-0 – ePub
ISBN 978-65-86468-27-4 – kindle

Dados Internacionais de Catalogação na Publicação (CIP)

Kelsang, Gyatso (Geshe), 1932-
Novo manual de meditação / Geshe Kelsang Gyatso;
tradução Tharpa Brasil – 3. ed. – São Paulo: Tharpa Brasil,
2021.
232p. : 14 x 21 cm

Título original em inglês: New meditation handbook

ISBN 978-65-86468-26-7
1. Budismo 2. Carma 3. Meditação I. Título.
05-9278 CDD-294.3

Índices para catálogo sistemático:
1. Budismo: Religião 294.3

2021

EDITORA THARPA BRASIL
Rua Artur de Azevedo 1360
05404-003 - São Paulo, SP
Fone: +55 11 989595303
www.tharpa.com/br

EDITORA THARPA PORTUGAL
Rua Moinho do Gato, 5
2710-661 - Várzea de Sintra, Sintra
Fone: +351 219 231 064
www.tharpa.pt

Sumário

Nota do Tradutor

As palavras de origem sânscrita e tibetana, como *Bodhichitta*, *Bodhisattva*, *Dharma*, *Geshe*, *Sangha* etc., foram grafadas como aparecem na edição original deste livro, em língua inglesa, em respeito ao trabalho de transliteração previamente realizado e por evocarem a pureza das línguas originais das quais procedem.

Em alguns casos, contudo, optou-se por aportuguesar as palavras já assimiladas à língua portuguesa (Buda, Budeidade, Budismo, carma) em vez de escrevê-las de acordo com a sua transliteração (*Buddha*, *karma*).

Prefácio

Buda, o fundador do Budismo, apareceu neste mundo em 624 a.C. Assim como médicos prescrevem diferentes medicamentos para pessoas com diferentes doenças, Buda deu diferentes ensinamentos para pessoas com diferentes problemas e capacidades. Ao todo, Buda deu 84 mil tipos diferentes de ensinamentos, ou Dharma. Um dos mais importantes desses ensinamentos é o *Sutra Perfeição de Sabedoria*, que, na tradução do sânscrito para o tibetano, ocupa doze volumes. Para nos ajudar a compreender como integrar esses ensinamentos em nossa vida diária, o mestre budista Atisha escreveu o texto *Lâmpada para o Caminho para a Iluminação*, também conhecido como *As Etapas do Caminho*, ou *Lamrim* (em tibetano). Embora curto, esse texto contém o significado completo do *Sutra Perfeição de Sabedoria*.

Posteriormente, o mestre budista tibetano Je Tsongkhapa escreveu comentários extensos, medianos e condensados aos ensinamentos de Lamrim de Atisha. Preparei este novo manual de meditação a partir dos comentários de Lamrim de Je Tsongkhapa. O propósito de fazer isto é o de tornar mais fácil, para as pessoas do mundo moderno, a compreensão e a prática deste precioso Dharma sagrado, conhecido como "Lamrim Kadam". A Parte Um deste livro apresenta o fundamento básico do caminho para a iluminação, e a Parte Dois apresenta o caminho propriamente dito para a iluminação. Explicações detalhadas podem ser encontradas nos livros *Budismo Moderno*, *Como Transformar a sua Vida* e *Caminho Alegre da Boa Fortuna*.

Se você ler este livro de modo sincero, com uma boa motivação, livre de visões negativas, eu garanto que receberá grande benefício para a sua felicidade diária.

Geshe Kelsang Gyatso,
EUA,
Março de 2003

PARTE UM

Fundamentos

Siga o caminho para a iluminação

INTRODUÇÃO

O *Novo Manual de Meditação* é um guia prático para a meditação. Ele nos ensina como fazer, a nós mesmos e aos outros, felizes. Embora tenhamos o desejo de sermos felizes o tempo todo, não sabemos como fazê-lo, e, por causa disso, costumamos destruir a felicidade que temos ao desenvolver raiva e demais delusões, ou aflições mentais. Como o mestre budista Shantideva diz:

> (...) embora desejem a felicidade,
> Devido à ignorância, eles próprios a destroem, tal como um inimigo.

Acreditamos que podemos ser verdadeiramente felizes simplesmente melhorando as condições exteriores. Motivados por essa crença, muitos países realizaram um progresso material extraordinário. No entanto, como podemos perceber, esse progresso material não nos faz realmente mais felizes nem reduz nossos problemas; em vez disso, ele cria mais problemas, sofrimentos e perigos. Porque poluímos nosso ambiente, água e ar, estamos ficando fisicamente menos saudáveis, e diferentes doenças estão se espalhando pelo mundo. Nossas vidas estão agora mais complicadas e, do ponto de vista mental, estamos nos tornando mais infelizes e preocupados. Existem agora muito mais problemas e perigos maiores do que jamais houve anteriormente. Isso mostra que não podemos ser felizes simplesmente melhorando as condições exteriores. Porque somos seres humanos, é claro que precisamos de condições humanas básicas; porém, condições exteriores somente podem nos fazer felizes se nossa mente estiver pacífica. Se nossa mente não estiver em paz, nunca seremos felizes, mesmo que nossas condições exteriores sejam perfeitas. Por exemplo, quando estamos desfrutando de uma festa com nossos amigos, se, por alguma razão específica, ficamos com raiva, nossa felicidade desaparece no momento exato em que ficamos com raiva. O motivo é que a raiva destruiu nossa paz interior, ou paz mental.

Sem paz interior, não existe felicidade verdadeira de modo algum. Quanto mais controlarmos a nossa mente, mais a nossa paz interior aumentará e mais felizes iremos nos tornar. Portanto, o método verdadeiro para sermos felizes é controlar a nossa própria mente. Ao controlar a nossa mente – em particular, nossa raiva, nosso apego e, especialmente, nosso agarramento ao em-si – todos os nossos problemas desaparecerão. Experienciaremos profunda paz interior e seremos felizes o tempo todo. Problemas, sofrimento e infelicidade não existem fora da mente – eles são sensações e, portanto, são parte da nossa mente. Por essa razão, somente através do controle da nossa mente é que conseguiremos interromper nossos problemas de modo permanente, e fazer com que nós mesmos e os outros sejamos verdadeiramente felizes.

As práticas de meditação apresentadas neste livro são métodos verdadeiros para controlar a nossa mente. Porque cada pessoa tem desejos e capacidades diferentes, muitos níveis diferentes de práticas de meditação são oferecidos. No início, devemos escolher o nível com o qual nos sentimos mais confortáveis e, gradualmente, por meio de aprimorar a nossa compreensão e familiaridade, avançar progressivamente para níveis mais elevados. Por nos empenharmos continuamente com alegria e paciência nessas meditações, realizaremos a meta última, suprema, da vida humana.

Qual é a meta última da vida humana? O que é aquilo que sentimos como sendo o mais importante para a nossa felicidade? É ter um corpo mais atraente; ou muito dinheiro e uma boa reputação; ou fama e poder; ou excitação e aventura? Podemos achar que se pudéssemos apenas encontrar o local certo para viver, as posses certas, o trabalho certo, os amigos certos, o companheiro ou companheira certos – ou seja, tudo certo – seríamos verdadeiramente felizes. Como consequência disso, investimos a maior parte do nosso tempo e energia tentando reorganizar o nosso mundo, de modo a alcançarmos esses objetivos. Isso funciona algumas vezes, mas somente até certo ponto e apenas por pouco tempo. Não importa quão bem-sucedidos sejamos em criar condições exteriores aparentemente perfeitas, invariavelmente existem inconvenientes e obstáculos –

tudo isso que desejamos nunca poderá nos dar a felicidade perfeita e duradoura que todos nós ansiamos. Se tivermos feito da busca por felicidade nas condições exteriores o principal sentido da nossa vida, descobriremos, por fim, que estávamos enganados, pois nenhuma condição exterior pode nos ajudar no momento da nossa morte. As aquisições mundanas, tomadas como um fim em si mesmas, são vazias – elas não são a verdadeira essência da vida humana.

É dito que, no passado, quando os seres humanos tinham mérito muito mais abundante, existiam joias-que-concedem-desejos, que tinham o poder de satisfazer desejos. Porém, mesmo essas posses mundanas extremamente preciosas podiam satisfazer apenas os desejos por felicidade contaminada – elas nunca podiam conceder a felicidade pura que vem de uma mente pura. Além disso, essas joias-que-concedem-desejos tinham o poder de satisfazer apenas os desejos pertencentes a uma única vida, ou seja, elas não podiam proteger seus proprietários nas suas vidas futuras, de modo que, em última instância, até mesmo essas joias eram enganosas.

Somente a conquista da plena iluminação nunca nos decepcionará. O que é a iluminação? A iluminação é sabedoria onisciente, livre de todas as aparências equivocadas. Uma pessoa que tenha essa sabedoria é um ser iluminado, um "Buda". Todos os seres que não são Budas experienciam aparências equivocadas o tempo todo, dia e noite, inclusive durante o sono.

O que quer que apareça para nós, percebemos como que existindo do seu próprio lado. Isso é aparência equivocada. Percebemos "*eu*" e "*meu*" como existindo do seu próprio lado, e nossa mente se aferra fortemente a essa aparência, acreditando que ela é verdadeira – isso é a mente da ignorância do agarramento ao em-si. Devido a isso, fazemos muitas ações inadequadas, que nos levam a experienciar sofrimento. Essa é a razão fundamental pela qual sofremos. Os seres iluminados são totalmente livres de aparências equivocadas e dos sofrimentos que elas produzem.

É somente por meio de alcançar a iluminação que podemos satisfazer o nosso mais profundo desejo por felicidade pura e duradoura, pois nada neste mundo impuro tem o poder de satisfazer esse desejo. Somente quando nos tornarmos um Buda plenamente iluminado é que experienciaremos a paz profunda e duradoura que advém da cessação permanente de todas as delusões e de suas marcas. Seremos, então, livres de todas as falhas e obscurecimentos mentais, e possuiremos as qualidades necessárias para ajudar diretamente todos os seres vivos. Seremos, então, um objeto de refúgio para todos os seres vivos.

Por meio dessa compreensão, podemos ver claramente que a conquista da iluminação é a meta última, suprema, e o verdadeiro sentido da nossa preciosa vida humana. Visto que nosso principal desejo é ser feliz o tempo todo e ser completamente livre de todas as falhas e sofrimentos, precisamos desenvolver a forte intenção de alcançar a iluminação. Devemos pensar: "Preciso alcançar a iluminação porque, neste mundo impuro, não existe felicidade verdadeira em lugar algum".

O QUE É MEDITAÇÃO?

Meditação é uma mente que se concentra em um objeto virtuoso, e que é a causa principal de paz mental. A prática da meditação é um método para familiarizar nossa mente com virtude. Quanto mais familiarizada a nossa mente estiver com virtude, mais calma e pacífica ela se torna. Quando nossa mente está em paz, estamos livres de preocupações e de desconforto mental, e experienciamos verdadeira felicidade. Se treinarmos nossa mente para que ela se torne pacífica, seremos felizes o tempo todo, mesmo nas condições mais adversas; mas se nossa mente não estiver em paz, então não estaremos felizes, mesmo que tenhamos as condições exteriores mais agradáveis. Portanto, é importante treinar nossa mente através de meditação.

Toda vez que meditamos, estamos executando uma ação que nos fará experienciar paz interior no futuro. Dia e noite, durante toda a nossa vida, normalmente experienciamos delusões, ou aflições mentais, que são o oposto da paz mental. No entanto, algumas vezes, experienciamos paz interior naturalmente. O motivo é que, em nossas vidas anteriores, concentramo-nos em objetos virtuosos. Um objeto virtuoso é um objeto que nos faz desenvolver uma mente pacífica quando nos concentramos nele. Se nos concentrarmos em um objeto que nos faz desenvolver uma mente agitada (como uma mente de raiva ou de apego, por exemplo), isso indicará que, para nós, o objeto é não-virtuoso. Existem, também, muitos objetos neutros, que não são nem virtuosos nem não-virtuosos.

Existem dois tipos de meditação: meditação analítica e meditação posicionada. A meditação analítica consiste em contemplar o significado de uma instrução espiritual que ouvimos ou lemos. Por contemplar profundamente essa instrução, alcançamos, por fim, uma conclusão clara e precisa sobre ela ou fazemos com que um estado mental virtuoso específico surja. Essa conclusão ou esse estado mental virtuoso específico é o objeto da meditação posicionada. Concentramo-nos, então, estritamente focados nessa conclusão ou estado mental virtuoso pelo maior tempo possível, a fim de que nos tornemos profundamente familiarizados com ele. Essa concentração estritamente focada é a meditação posicionada. A meditação analítica é frequentemente denominada "contemplação", e a meditação posicionada é denominada "meditação". A meditação posicionada depende da meditação analítica, e a meditação analítica depende de ouvirmos com atenção ou lermos instruções espirituais.

OS BENEFÍCIOS DA MEDITAÇÃO

O propósito da meditação é tornar a nossa mente calma e pacífica. Como foi mencionado anteriormente, se nossa mente estiver em paz, estaremos livres de preocupações e de desconforto mental e, por essa razão, experienciaremos felicidade verdadeira; mas, se nossa mente não estiver em paz, acharemos muito difícil sermos felizes, mesmo que estejamos vivendo nas melhores condições. Se treinarmos meditação, nossa mente irá se tornar gradualmente mais pacífica, e experienciaremos formas cada vez mais puras de felicidade. Por fim, seremos capazes de permanecer felizes o tempo todo, inclusive nas circunstâncias mais difíceis.

Corte a raiz do sofrimento

Em geral, achamos difícil controlar nossa mente. É como se nossa mente fosse um balão de gás ao sabor do vento – soprada para cá e para lá pelas circunstâncias exteriores. Se as coisas vão bem, nossa mente está feliz, mas, se vão mal, ela se torna imediatamente infeliz. Por exemplo, se conseguimos o que queríamos – uma nova posse, uma nova posição social ou econômica, ou um novo companheiro – ficamos excitados e "agarramo-nos" a isso firmemente. No entanto, visto que não podemos ter tudo o que queremos e que, inevitavelmente, seremos separados ou perderemos tudo o que atualmente desfrutamos (amigos, posição social ou econômica, e posses), esse grude mental, ou apego, serve apenas para nos causar dor. Por outro lado, se não conseguimos o que queríamos ou se perdemos algo de que gostamos, ficamos desanimados ou irritados. Por exemplo, se somos forçados a trabalhar com um colega de quem não gostamos, é provável que fiquemos irritados e nos sintamos ofendidos, e, como resultado, não conseguiremos trabalhar de maneira eficiente com ele e nossa jornada de trabalho irá se tornar estressante e pouco gratificante.

Essas flutuações de humor surgem porque estamos profundamente envolvidos com as situações exteriores. Somos como uma criança fazendo um castelo de areia, que fica eufórica quando o castelo está pronto, mas que se aflige quando ele é destruído pela maré. Pelo treino da meditação, criamos um espaço e clareza interiores que nos dão a possibilidade para controlar nossa mente, independentemente das circunstâncias exteriores. Gradualmente, desenvolveremos equilíbrio mental, uma mente equilibrada que é feliz o tempo todo, em vez de uma mente desequilibrada, que oscila entre os extremos da empolgação e do desânimo.

Se treinarmos meditação sistematicamente, por fim seremos capazes de erradicar definitivamente as delusões da nossa mente, que são as causas de todos os nossos problemas e sofrimentos. Desse modo, viremos a experienciar paz interior permanente. Então, dia e noite, vida após vida, experienciaremos somente paz e felicidade.

No começo, mesmo que nossa meditação pareça não estar indo bem, devemos lembrar que, por simplesmente aplicar esforço para treinar meditação, estamos criando o carma mental para experienciar paz interior no futuro. A felicidade desta vida e das nossas vidas futuras depende da experiência de paz interior, que, por sua vez, depende da ação mental de meditar. Visto que paz interior é a fonte de toda felicidade, podemos ver quão importante é a prática da meditação.

COMO COMEÇAR A MEDITAR

A primeira etapa da meditação é interromper as distrações e fazer com que a nossa mente se torne mais clara e mais lúcida. Isso pode ser alcançado por meio de praticarmos uma meditação respiratória simples. Escolhemos um local quieto para meditar e nos sentamos em uma postura confortável. Podemos nos sentar na postura tradicional de pernas cruzadas ou em qualquer outra postura que seja confortável. Se desejarmos, podemos nos sentar em uma cadeira. O mais importante é manter nossas costas retas, a fim de impedir que nossa mente se torne vagarosa ou sonolenta.

Sentamo-nos com os olhos parcialmente fechados e direcionamos nossa atenção para a nossa respiração. Respiramos naturalmente, de preferência pelas narinas, sem nos preocuparmos em controlar nossa respiração, e tentamos ficar conscientes da sensação da respiração à medida que o ar entra e sai pelas narinas. Essa sensação é o nosso objeto de meditação. Devemos tentar nos concentrar no objeto de meditação por meio da exclusão de qualquer outra coisa.

No início, nossa mente estará muito ocupada, e poderemos até mesmo achar que a meditação está fazendo com que a nossa mente se torne mais agitada; mas, na verdade, estamos apenas ficando mais conscientes de quão ocupada e agitada nossa mente realmente é. Haverá uma grande tentação de seguir os diferentes pensamentos à medida que surgirem, mas devemos resistir a isso e permanecer estritamente focados na sensação da respiração. Se descobrirmos que nossa mente se desviou e está seguindo nossos pensamentos, devemos imediatamente trazê-la de volta para a respiração. Devemos repetir isso quantas vezes forem necessárias, até que a mente se assente e se apazigue na respiração.

Se praticarmos pacientemente desse modo, nossos pensamentos distrativos irão gradualmente diminuir e experienciaremos uma sensação de paz interior e relaxamento. Perceberemos nossa mente lúcida e espaçosa, e nos sentiremos renovados. Quando o mar está agitado, os sedimentos são revolvidos e a água se torna turva; mas, quando o vento diminui, o lodo gradualmente assenta e a água volta a ficar clara. De modo semelhante, quando o fluxo incessante dos nossos pensamentos distrativos é acalmado pela concentração na respiração, nossa mente se torna extraordinariamente lúcida e clara. Devemos permanecer nesse estado de serenidade mental por algum tempo.

Embora a meditação respiratória seja apenas uma etapa preliminar da meditação, ela pode ser muito poderosa. Podemos ver, a partir dessa prática, que é possível experienciar paz interior e contentamento por meio de simplesmente controlar a mente, sem termos de depender, de modo algum, das condições exteriores. Quando a turbulência dos pensamentos distrativos diminui e nossa mente se torna quieta e tranquila, uma felicidade e contentamento profundos surgem dela naturalmente. Essa sensação de contentamento e bem-estar ajuda-nos a enfrentar as tarefas e dificuldades da vida diária. Muito do estresse e da tensão que normalmente experienciamos vem da nossa mente, e muitos dos problemas que vivemos, incluindo problemas de saúde, são causados ou agravados por esse estresse. Praticar meditação respiratória por apenas dez ou quinze minutos todos os dias nos torna capazes de reduzir esse estresse. Experienciaremos então uma sensação de calma e de espaço em nossa mente, e muitos dos nossos problemas habituais desaparecerão. Situações difíceis irão se tornar mais fáceis de se lidar, naturalmente nos sentiremos mais calorosos e bem-dispostos para com os outros, e nossos relacionamentos irão melhorar gradualmente.

Devemos treinar nessa meditação preliminar até que as nossas distrações densas se reduzam e, então, treinar as 21 meditações explicadas neste livro. Quando fazemos essas meditações, devemos começar acalmando a mente com a meditação respiratória, como foi explicada, e então prosseguir para as etapas da meditação analítica e posicionada, de acordo com as instruções específicas para cada meditação.

CONHECIMENTO BÁSICO NECESSÁRIO PARA MEDITAR

Visto que as meditações apresentadas neste livro supõem a crença em renascimentos (ou reencarnação) e no carma (ou ações), uma breve descrição do processo da morte e renascimento, assim como dos lugares nos quais podemos renascer, pode ser útil.

A mente não é algo físico nem um subproduto de processos físicos, mas um *continuum* sem forma - isto é, sem características físicas - que é uma entidade separada do corpo. Quando o corpo se desintegra na morte, a mente não cessa. Embora nossa mente consciente superficial cesse, ela o faz dissolvendo-se num nível mais profundo de consciência, a mente muito sutil; e o *continuum* da mente muito sutil não tem começo nem fim. É esta mente, a mente muito sutil, que, quando completamente purificada, transforma-se na mente onisciente de um Buda.

Toda ação que fazemos deixa uma marca em nossa mente muito sutil, e cada marca, por fim, faz surgir o seu próprio efeito. Nossa mente é como um campo, e executar ações é como plantar sementes nesse campo. Ações virtuosas plantam sementes de felicidade futura, e ações não-virtuosas plantam sementes de sofrimento futuro. As sementes que plantamos no passado permanecem dormentes até que as condições necessárias para sua germinação se reúnam. Em alguns casos, isso pode levar muitas vidas após a ação originária ter sido feita.

As sementes que amadurecem quando morremos são muito importantes, pois determinam que tipo de renascimento teremos. A semente específica que amadurece na hora da morte depende do estado mental com o qual morremos. Se morrermos com uma mente pacífica, isso estimulará uma semente virtuosa e teremos um renascimento afortunado; mas, se morrermos com uma mente perturbada ou agitada – em estado de raiva, por exemplo – isso estimulará uma semente não-virtuosa e teremos um renascimento desafortunado. Isso é semelhante ao modo como os pesadelos são provocados, por estarmos com um estado mental agitado logo antes de adormecer.

A analogia com o sono não é acidental, pois o processo de dormir, sonhar e acordar tem muita semelhança com o processo da morte, estado intermediário e renascimento. Quando dormimos, nossos ventos interiores densos se reúnem e se dissolvem interiormente, e a nossa mente torna-se progressivamente mais sutil, até se transformar na mente muito sutil de clara-luz do sono. Enquanto a clara-luz do sono está manifesta, experienciamos o sono profundo e, aos olhos dos outros, parecemos uma pessoa morta. Quando a clara-luz do sono cessa, nossa mente torna-se gradualmente mais densa e passamos pelos vários níveis do estado de sonho. Por fim, nossas faculdades habituais de memória e de controle mental são restauradas e acordamos. Quando isso acontece, nosso mundo do sonho desaparece e percebemos o mundo do estado de vigília.

Um processo muito semelhante ocorre quando morremos. À medida que morremos, nossos ventos dissolvem-se interiormente e a nossa mente torna-se progressivamente mais sutil, até que a mente muito sutil de clara-luz da morte se manifeste. A experiência da clara-luz da morte é muito semelhante à experiência do sono profundo. Depois de a clara-luz da morte ter cessado, experienciamos as etapas do estado intermediário (ou *bardo*, em tibetano), que é um estado semelhante a um sonho e que ocorre entre a morte e o renascimento. Depois de alguns dias ou semanas, o estado intermediário termina e renascemos. Assim como o mundo do sonho desaparece quando acordamos e passamos a perceber o mundo do estado de vigília, as aparências do estado intermediário cessam quando renascemos e passamos a perceber o mundo da nossa próxima vida.

A única diferença significativa entre ambos os processos (o processo de dormir, sonhar e acordar, e o processo da morte, estado intermediário e renascimento) é que, após a clara-luz do sono ter cessado, a conexão entre nossa mente e nosso corpo permanece intacta, ao passo que essa conexão é interrompida após a clara-luz da morte.

Enquanto estamos no estado intermediário, experienciamos diferentes visões que surgem das sementes cármicas que foram ativadas imediatamente antes da morte. Se sementes negativas forem ativadas, essas visões serão apavorantes; por outro lado, se sementes positivas forem ativadas, as visões serão predominantemente agradáveis. Em ambos os casos, uma vez que as sementes cármicas tenham amadurecido o suficiente, elas irão nos impelir a renascer em um ou outro dos seis reinos do samsara.

Os seis reinos são lugares efetivos nos quais podemos renascer. Eles são trazidos à existência pelo poder das nossas ações, ou carma. Existem três tipos de ação: ações físicas, ações verbais e ações mentais. Já que as nossas ações físicas e verbais são iniciadas por nossas ações mentais, os seis reinos são, em última instância, criados por nossa mente. Por exemplo, o reino do inferno é um lugar que surge como resultado das piores ações, como assassínio ou extrema crueldade mental ou física, que dependem dos estados mentais mais deludidos.

Para formar uma imagem mental dos seis reinos, podemos compará-los com os andares de uma velha e ampla casa. Nesta analogia, a casa representa o samsara, o ciclo de renascimento contaminado, ao qual os seres comuns estão submetidos sem escolha ou controle. A casa possui três andares acima do solo e três subsolos. Os seres sencientes deludidos são como os moradores dessa casa. Eles estão continuamente subindo e descendo nessa casa – algumas vezes, vivendo nos andares acima do solo; outras vezes, vivendo no subsolo.

O andar térreo corresponde ao reino humano. Acima dele, no primeiro andar, está o reino dos semideuses – seres não humanos, que estão continuamente em guerra com os deuses. Em termos de poder e prosperidade, eles são superiores aos seres humanos, mas encontram-se tão obcecados pela inveja e pela violência que suas vidas têm pouco valor espiritual.

Os deuses moram no andar mais alto. As classes inferiores de deuses – os deuses do reino do desejo – vivem uma vida de ócio e luxo, empregando seu tempo no desfrute e satisfação dos seus desejos. Embora seu mundo seja um paraíso e seu tempo de vida muito longo, eles não são imortais e, por fim, caem para estados inferiores. Uma vez que suas vidas são repletas de distrações, é muito difícil para os deuses do reino do desejo encontrar motivação para praticar Dharma, os ensinamentos de Buda. Do ponto de vista espiritual, uma vida humana é muito mais significativa que a vida de um deus.

Os deuses dos reinos da forma e da sem-forma são mais elevados que os deuses do reino do desejo. Por terem superado o desejo associado aos sentidos, os deuses do reino da forma experienciam o êxtase refinado da absorção meditativa e possuem corpos feitos de luz. Transcendendo até mesmo essas formas sutis, os deuses do reino da sem-forma vivem em um estado sem forma, permanecendo numa consciência sutil que se assemelha ao espaço infinito. Embora suas mentes sejam as mais puras e excelsas que existem no samsara, eles não superaram a ignorância do agarramento ao em-si, que é a raiz do samsara, e, por esta razão, após experienciarem êxtase por muitos éons, suas vidas por fim acabam, e eles renascem outra vez em estados inferiores do samsara. Assim como os demais deuses, eles consomem o mérito, ou boa fortuna, que criaram no passado, e fazem pouco ou nenhum progresso espiritual.

Os três andares acima do solo são denominados "reinos afortunados", porque os seres que neles habitam têm experiências relativamente agradáveis, cujas causas são a prática de virtude. Abaixo do solo, estão os três reinos inferiores, que são o resultado de ações negativas físicas, verbais e mentais. O reino menos doloroso dentre os três reinos inferiores é o reino animal, que, nesta analogia, corresponde ao primeiro andar abaixo do solo. Nesse reino, estão incluídos todos os mamíferos (exceto os seres humanos), bem como as aves, peixes, insetos e vermes – a totalidade do reino animal. A mente dos animais é caracterizada por extrema estupidez, sem qualquer consciência espiritual, e suas vidas, por medo e brutalidade.

No subsolo abaixo, vivem os fantasmas famintos, ou espíritos famintos. As principais causas de renascer nesse reino são ganância e ações negativas motivadas por avareza. A consequência dessas ações é extrema pobreza. Os fantasmas famintos sofrem de fome e sede por um longo período, privações estas que eles acham extremamente difíceis de suportar. Seu mundo é um vasto deserto. Se, por acaso, encontram uma gota de água ou uma migalha ou restos de comida, isso desaparece como uma miragem ou se transforma em algo repulsivo, como pus ou urina. Essas aparências se devem ao seu carma negativo e falta de mérito.

O subsolo mais inferior é o inferno. Os seres nesse reino experienciam tormentos implacáveis. Alguns infernos são uma massa de fogo; outros, são regiões desoladas, de gelo e escuridão. Monstros conjurados pelas mentes dos seres-do-inferno infligem terríveis torturas a eles. O sofrimento continua ininterruptamente durante um tempo que parece uma eternidade, mas, por fim, o carma que causou o nascimento desses seres no inferno é exaurido e, então, os seres-do-inferno morrem e renascem em algum outro lugar do samsara.

Este é o panorama geral do samsara. Estamos aprisionados no samsara desde tempos sem início, vagando sem sentido e sem qualquer liberdade ou controle, desde o mais elevado paraíso até o mais profundo inferno. Algumas vezes, habitamos os andares superiores, como deuses; outras vezes, estamos no térreo, com um renascimento humano; porém, na maior parte do tempo, estamos presos nos subsolos, vivenciando sofrimento físico e mental terríveis.

Embora o samsara se assemelhe a uma prisão, há, no entanto, uma porta pela qual podemos fugir. Essa porta é a vacuidade, a natureza última dos fenômenos. Ao treinar nos caminhos espirituais descritos neste livro, encontraremos, por fim, a passagem que conduz a essa porta e, ao atravessá-la, descobriremos que a casa era simplesmente uma ilusão, a criação da nossa mente impura. O samsara não é uma prisão exterior; ele é uma prisão construída pela nossa própria mente. Ele nunca cessará por si próprio; mas podemos colocar um fim ao nosso samsara por meio de praticarmos diligentemente o verdadeiro caminho espiritual e, assim, eliminarmos nosso agarramento ao em-si e demais delusões. Uma vez que tenhamos alcançado nossa libertação, estaremos então aptos a mostrar aos outros como destruir suas próprias prisões mentais por meio de erradicarem suas delusões.

Se praticarmos as 21 meditações apresentadas neste livro, superaremos gradualmente os estados mentais deludidos que nos mantêm aprisionados no samsara, e desenvolveremos todas as qualidades necessárias para alcançar a plena iluminação. As seis primeiras meditações funcionam principalmente para nos ajudar a desenvolver renúncia, a determinação de fugir do samsara. As doze meditações subsequentes nos ajudam a cultivar amor e compaixão profundos e sinceros por todos os seres vivos, e nos conduzem à realização de que podemos libertar os outros do samsara somente se, primeiro, alcançarmos a iluminação. O principal obstáculo que nos impede de alcançar a libertação e a iluminação é o agarramento ao em-si, uma má compreensão profundamente enraizada sobre o modo como as coisas existem. A função principal das duas meditações subsequentes é a de opor-se e, por fim, erradicar essa má compreensão. A meditação final é o método para obter uma experiência mais profunda das vinte meditações anteriores.

COMO MEDITAR

Cada uma das 21 práticas de meditação tem cinco partes: preparação, contemplação, meditação, dedicatória e prática subsequente. As instruções que explicam essas 21 práticas de meditação são denominadas "as etapas do caminho", ou "Lamrim". As realizações dessas meditações são os caminhos espirituais efetivos que nos conduzem à grande libertação da plena iluminação.

A primeira parte, as práticas preparatórias, prepara-nos para meditações bem-sucedidas, por meio de purificar impedimentos causados por nossas ações negativas passadas, acumular mérito (ou boa fortuna), e de nos capacitar a receber as bênçãos dos seres iluminados. As práticas preparatórias são muito importantes se desejamos obter profunda experiência dessas meditações. Para este propósito, podemos começar nossa meditação com a sadhana *Preces para Meditação*, que pode ser encontrada no Apêndice I. Um comentário a essas práticas pode ser encontrado no Apêndice II.

O propósito da segunda parte – contemplação, ou meditação analítica – é trazer à mente o objeto da meditação posicionada. Fazemos isso considerando diversas linhas de raciocínio, contemplando analogias e refletindo sobre o significado das instruções. É útil memorizar as contemplações dadas em cada capítulo, de modo que possamos meditar sem ter de olhar para o texto. O propósito das contemplações dadas aqui é o de servir apenas como orientações gerais. Devemos complementá-las e enriquecê-las com quaisquer raciocínios e exemplos que considerarmos úteis.

Quando, por meio de nossas contemplações, o objeto aparecer claramente, paramos com a nossa meditação analítica e nos concentramos estritamente focados no objeto. Essa concentração estritamente focada é a terceira parte, a meditação propriamente dita.

Quando começamos a meditar pela primeira vez, nossa concentração é fraca, pobre; ficamos facilmente distraídos e perdemos, com frequência, nosso objeto de meditação. Portanto, no início, provavelmente necessitemos alternar muitas vezes entre a contemplação e a meditação posicionada durante cada sessão. Por exemplo, se estivermos meditando em compaixão, começamos por contemplar os diversos sofrimentos experienciados pelos seres vivos, até que um forte sentimento de compaixão surja em nosso coração. Quando esse sentimento surgir, meditamos estritamente focados nele. Se o sentimento enfraquecer ou desaparecer, ou se nossa mente se desviar para outro objeto, devemos retornar à meditação analítica para trazer o sentimento de volta à mente. Quando o sentimento de compaixão tiver sido restaurado, interrompemos mais uma vez nossa meditação analítica e mantemos o sentimento com concentração estritamente focada.

Tanto a contemplação quanto a meditação servem para familiarizar nossa mente com objetos virtuosos. Quanto mais familiarizados estivermos com tais objetos, mais pacífica nossa mente irá se tornar. Por treinar meditação e viver de acordo com os *insights* e resoluções desenvolvidos durante a meditação, por fim, seremos capazes de manter continuamente uma mente pacífica, por toda a nossa vida. Instruções mais detalhadas sobre as contemplações e sobre meditação em geral podem ser encontradas nos livros *Como Transformar a sua Vida* e *Caminho Alegre da Boa Fortuna.*

Ao final de cada sessão, dedicamos o mérito produzido por nossa meditação para a conquista da iluminação. Se o mérito não for dedicado, ele pode ser facilmente destruído pela raiva. Ao recitar sinceramente as preces dedicatórias ao final de cada sessão de meditação, asseguramos que o mérito que criamos por meio de meditar não será desperdiçado, mas irá atuar como uma causa de iluminação.

A quinta parte de cada prática de meditação é a prática subsequente após a meditação, durante o intervalo entre as meditações. A prática subsequente consiste de conselhos sobre como integrar a meditação em nossa vida diária. É importante lembrar que a prática de Dharma não está limitada às nossas atividades durante a sessão de meditação – ela deve permear nossa vida por inteiro. Não devemos permitir o desenvolvimento de um fosso entre nossa meditação e nossa vida diária, pois o sucesso da nossa meditação depende da pureza da nossa conduta fora da sessão de meditação. Devemos, o tempo todo, observar com muita atenção a nossa mente, por meio de aplicar contínua-lembrança (*mindfulness*), vigilância e conscienciosidade; e devemos tentar abandonar quaisquer maus hábitos que possamos ter. Uma profunda experiência de Dharma é o resultado de um treino prático durante um longo período, tanto durante a sessão de meditação quanto fora da sessão de meditação. Portanto, devemos praticar constante e suavemente, sem ficarmos ansiosos para ver os resultados.

Resumindo, nossa mente é como um campo. Empenhar-se nas práticas preparatórias é como preparar o campo, removendo os obstáculos causados pelas ações negativas passadas, tornando-o fértil com mérito, e regando-o com as bênçãos dos seres sagrados. Contemplar e meditar são como plantar boas sementes; e a dedicatória e a prática subsequente são os métodos para amadurecer nossa colheita de realizações de Dharma.

As instruções de Lamrim não são dadas meramente para uma compreensão intelectual do caminho para a iluminação. Elas são dadas para nos ajudar a obter uma profunda experiência e, por essa razão, devem ser colocadas em prática. Se treinarmos nossa mente nessas meditações todos os dias, obteremos, por fim, realizações perfeitas de todas as etapas do caminho. Até que tenhamos alcançado esse estágio, não devemos nos cansar de ouvir ensinamentos orais sobre o Lamrim ou de ler autênticos comentários de Lamrim e, então, contemplar e meditar nessas instruções. Precisamos expandir continuamente nossa compreensão desses tópicos essenciais e usar essa nova compreensão para aprimorar nossa meditação habitual.

Se desejamos genuinamente obter experiência das etapas do caminho, devemos tentar meditar todos os dias. No primeiro dia, podemos meditar sobre a nossa preciosa vida humana; no segundo dia, podemos meditar sobre morte e impermanência, e assim por diante, até completarmos o ciclo completo em 21 dias. Então, podemos começar novamente. Entre as sessões, devemos tentar manter contínua-lembrança (*mindfulness*) das instruções sobre a prática subsequente. Ocasionalmente, quando tivermos oportunidade, devemos fazer um retiro de Lamrim. Uma sugestão de programa de retiro é dada no Apêndice IV. Ao praticar dessa maneira, estamos usando nossa vida por inteiro para aprofundar nossa experiência das etapas do caminho.

PARTE DOIS

As Vinte e Uma Meditações

Os Escopos Inicial, Intermediário e Grande

Em *Lâmpada para o Caminho para a Iluminação*, Atisha diz: "Deves saber que há três tipos de ser vivo: pequeno, mediano e grande". As palavras "pequeno", "mediano" e "grande" não se referem às suas aparências físicas, mas às suas diferentes capacidades, ou escopos, mentais: inicial, intermediário e grande. Há dois tipos de pequeno ser: pequenos seres comuns e pequenos seres especiais. Os pequenos seres comuns são aqueles que buscam apenas a felicidade desta vida, e os pequenos seres especiais são aqueles que buscam a felicidade das vidas futuras. Os seres medianos são aqueles que buscam a felicidade da libertação, e os grandes seres são aqueles que buscam a felicidade da iluminação. Embora existam incontáveis seres vivos, todos eles estão incluídos nestes quatro tipos.

Devemos saber que tipo de ser nós somos agora – um pequeno ser comum ou um pequeno ser especial, um ser mediano ou um grande ser. Através da prática das instruções de Lamrim, podemos progredir do nível de um pequeno ser comum para o de um pequeno ser especial e, então, para o de um ser mediano, um grande ser e, por fim, o de um ser iluminado. A prática das 21 meditações seguintes é o método efetivo para fazer esse progresso.

Por praticarmos essas meditações, obteremos as realizações de todas as etapas do caminho para a iluminação. As realizações das cinco primeiras meditações são as etapas do caminho de uma pessoa de escopo inicial; as realizações da sexta meditação e dos três treinos superiores são as etapas do caminho de uma pessoa de escopo intermediário; as realizações das quatorze meditações subsequentes são as etapas do caminho de uma pessoa de grande escopo; e a realização da última meditação pode ser uma etapa do caminho de uma pessoa do escopo inicial, do escopo intermediário ou do grande escopo.

O Escopo Inicial

1. NOSSA PRECIOSA VIDA HUMANA

O propósito desta meditação é encorajarmo-nos a praticar o Dharma. As instruções de Dharma nos ensinam como fazer, a nós mesmos e aos outros, felizes; como controlar nossas delusões, especialmente nosso agarramento ao em-si, a raiz de todos os sofrimentos; e como iniciar, fazer progressos e concluir o caminho para a iluminação. Portanto, as instruções de Dharma são importantes para todos. Se colocarmos esses ensinamentos em prática, podemos curar permanentemente a doença interior das nossas delusões e todo o sofrimento, e alcançar felicidade duradoura. Por essa razão, precisamos nos encorajar a praticar o Dharma e a não desperdiçar nossa vida humana em atividades sem significado. Se não nos encorajarmos, ninguém fará isso por nós.

MEDITAÇÃO

Como prática preparatória, recitamos *Preces para Meditação*, enquanto nos concentramos no significado. Depois, empenhamo-nos na seguinte contemplação:

> *Nossa vida humana é preciosa, rara e imensamente significativa. Devido às suas visões deludidas passadas que negavam o valor da prática espiritual, os seres que, por exemplo, renasceram agora como animais, não têm nenhuma oportunidade para compreender ou praticar o Dharma. Visto que para eles é impossível ouvir, contemplar e meditar no Dharma, seu renascimento presente como animal é, por si só, um obstáculo. Somente os seres humanos estão livres de tais obstáculos e têm todas as condições necessárias para se empenharem nos caminhos espirituais – os únicos caminhos que conduzem à felicidade duradoura. Essa combinação de liberdade e de posse de condições necessárias é a característica especial que faz com que a nossa vida humana seja tão preciosa.*

Embora existam muitos seres humanos neste mundo, cada um de nós possui apenas uma vida. Uma pessoa pode ter muitos carros e casas, mas até mesmo a pessoa mais rica do mundo não pode possuir mais do que uma vida; e, quando essa vida estiver chegando ao fim, ela não poderá comprar, pedir emprestada ou fabricar outra vida. Quando perdermos esta vida, será muito difícil encontrar outra vida humana qualificada, semelhante a esta, no futuro. Por essa razão, para cada um de nós, uma vida humana é muito rara.

Se usarmos nossa vida humana para alcançar realizações espirituais, ela então se torna imensamente significativa. Ao utilizar nossa vida desse modo, realizamos nosso pleno potencial e progredimos, do estado de um ser comum, ignorante, para o estado de um ser plenamente iluminado, o mais elevado de todos os seres; e quando tivermos feito isso, teremos o poder de beneficiar todos os seres vivos, sem exceção. Assim, ao usarmos nossa vida humana para obtermos realizações espirituais, podemos solucionar todos os nossos problemas humanos e satisfazer todos os nossos desejos e os desejos dos outros. O que poderia ser mais significativo do que isso?

Tendo contemplado repetidamente estes pontos, geramos a forte determinação: "Eu preciso praticar o Dharma". Essa determinação é o objeto da nossa meditação. Mantemos, então, essa determinação sem esquecê-la; a nossa mente deve permanecer estritamente focada nessa determinação pelo maior tempo possível. Se perdermos o objeto da nossa meditação, devemos renová-lo por meio de recordar imediatamente nossa determinação ou por repetir a contemplação.

Ao final da sessão de meditação, dedicamos as virtudes acumuladas com a prática desta meditação para obtermos a realização da preciosidade da nossa vida humana e para a aquisição da iluminação para a felicidade de todos os seres vivos.

Durante o intervalo entre as meditações, tentamos não nos esquecer nunca da nossa determinação de praticar o Dharma.

Devemos aplicar forte esforço para ler instruções de Lamrim e memorizar seus pontos essenciais, recitar preces com forte fé, ouvir com atenção ensinamentos orais muitas e muitas vezes e contemplar seu significado. Em especial, devemos colocar todas as instruções em prática e integrá-las em nossa vida diária.

2. MORTE E IMPERMANÊNCIA

O propósito desta meditação é impedir a preguiça do apego, o obstáculo principal à prática de Dharma. Porque o nosso desejo por prazer mundano é muito forte, temos pouco ou nenhum interesse pela prática de Dharma. Do ponto de vista espiritual, essa falta de interesse pela prática de Dharma é um tipo de preguiça, denominado "preguiça do apego". Enquanto tivermos essa preguiça, a porta para a libertação permanecerá fechada para nós, e, como consequência, continuaremos a vivenciar infortúnio e sofrimento nesta vida e nas incontáveis vidas futuras. A maneira de superar essa preguiça, o obstáculo principal à nossa prática de Dharma, é meditar sobre a morte.

Precisamos contemplar e meditar sobre a nossa morte muitas e muitas vezes, até obtermos uma profunda realização sobre a morte. Embora, num nível intelectual, todos nós saibamos que definitivamente iremos morrer, nossa consciência sobre a morte permanece superficial. Visto que a nossa compreensão intelectual da morte não toca o nosso coração, continuamos a pensar todos os dias: "eu não vou morrer hoje, eu não vou morrer hoje". Mesmo no dia da nossa morte, ainda estaremos pensando sobre o que faremos no dia ou na semana seguintes. Essa mente que pensa todo dia "eu não vou morrer hoje" é enganosa – ela nos conduz na direção errada e faz com que a nossa vida humana se torne vazia. Por outro lado, por meditarmos sobre a morte, substituiremos gradualmente o pensamento enganoso "eu não vou morrer hoje" pelo pensamento *não enganoso* "pode ser que eu morra hoje". A mente que pensa espontaneamente todos os dias "pode ser que eu morra hoje" é a realização sobre a morte. É essa realização que elimina diretamente a nossa preguiça do apego e abre a porta para o caminho espiritual.

Em geral, podemos ou não morrer hoje – nós não sabemos. No entanto, se pensarmos todos os dias "talvez eu *não* morra hoje", esse pensamento irá nos enganar porque vem da nossa ignorância;

Conquiste libertação permanente dos sofrimentos da morte

porém, se em vez disso pensarmos todos os dias "pode ser que eu morra hoje", esse pensamento não irá nos enganar porque vem da nossa sabedoria. Esse pensamento benéfico impedirá a nossa preguiça do apego e irá nos encorajar a preparar o bem-estar das nossas incontáveis vidas futuras ou a aplicar grande esforço para ingressarmos no caminho para a libertação. Desse modo, tornaremos a nossa vida humana significativa.

MEDITAÇÃO

Como prática preparatória, recitamos *Preces para Meditação*, enquanto nos concentramos no significado. Depois, empenhamo-nos na seguinte contemplação:

> *Com certeza, eu vou morrer. Não há nenhuma maneira de impedir que o meu corpo finalmente decaia. Dia após dia, momento após momento, a minha vida está se esvaindo. Eu não tenho ideia alguma de quando morrerei: a hora da morte é completamente incerta. Muitas pessoas jovens morrem antes de seus pais; outras, no momento em que nascem – não há certezas neste mundo. Além disso, há muitas causas de morte prematura. As vidas de muitas pessoas fortes e saudáveis são destruídas em acidentes. Não há garantia de que não morrerei hoje.*

Tendo contemplado repetidamente estes pontos, repetimos mentalmente, muitas e muitas vezes, "pode ser que eu morra hoje, pode ser que eu morra hoje", e concentramo-nos no sentimento que isso evoca. Transformamos nossa mente nesse sentimento "pode ser que eu morra hoje", e permanecemos estritamente focados nesse sentimento pelo maior tempo possível. Devemos praticar essa meditação repetidamente, até acreditarmos espontaneamente todos os dias: "pode ser que eu morra hoje". Por fim, chegaremos à conclusão: "Já que, em breve, terei de partir deste mundo, não há sentido em ficar apegado às coisas desta vida. Em vez disso, a partir de agora devotarei toda a minha vida para praticar, pura e sinceramente, o Dharma". Essa determinação é o objeto da nossa meditação. Mantemos, então, essa determinação sem esquecê-la; a nossa mente deve permanecer estritamente focada nessa determinação pelo maior tempo possível. Se perdermos o objeto da nossa meditação, devemos renová-lo por meio de recordar imediatamente nossa determinação ou por repetir a contemplação.

Ao final da sessão de meditação, dedicamos as virtudes acumuladas com a prática desta meditação para a nossa realização sobre a morte e para a aquisição da iluminação para a felicidade de todos os seres vivos.

Durante o intervalo entre as meditações devemos, sem preguiça, aplicar esforço em nossa prática de Dharma. Compreendendo que os prazeres mundanos são enganosos e que eles nos distraem de usarmos nossa vida de uma maneira significativa, devemos abandonar o apego por eles. Dessa maneira, podemos eliminar o principal obstáculo à prática pura do Dharma.

3. OS PERIGOS DO RENASCIMENTO INFERIOR

O propósito desta meditação é encorajar-nos a buscar proteção contra os perigos de um renascimento inferior. Se não prepararmos agora uma proteção contra o renascimento inferior enquanto temos uma vida humana com suas liberdades e dotes, será extremamente difícil obter novamente uma preciosa vida humana uma vez que tenhamos tido qualquer um dos três renascimentos inferiores. É dito que é mais fácil para os seres humanos alcançarem a iluminação do que para os seres nos reinos inferiores, como os animais, obterem um renascimento humano. Esta meditação encoraja-nos a abandonar não-virtude, praticar virtude e buscar refúgio nos seres sagrados, a verdadeira proteção contra o renascimento nos reinos inferiores. Criar não-virtude é a causa principal de se ter um renascimento inferior, ao passo que praticar virtude e buscar refúgio nos seres sagrados são as causas principais de se ter um renascimento elevado.

MEDITAÇÃO

Como prática preparatória, recitamos *Preces para Meditação*, enquanto nos concentramos no significado. Depois, empenhamo-nos na seguinte contemplação:

> *Quando o óleo de uma lamparina é totalmente consumido, a chama se extingue, porque a chama é produzida pelo óleo; mas, quando o nosso corpo morre, a nossa consciência não se extingue, porque a consciência não é produzida pelo corpo. Quando morremos, nossa mente tem de deixar este corpo atual, que é apenas uma morada temporária, e encontrar outro corpo, assim como um pássaro que deixa o ninho e voa para outro. A nossa mente não tem liberdade de permanecer e não tem escolha para onde ir. Somos soprados para o lugar*

do nosso próximo renascimento pelos ventos das nossas ações, ou carma (nossa boa ou má fortuna). Se o carma que amadurecer na hora da nossa morte for negativo, teremos, com toda a certeza, um renascimento inferior. Carma negativo grave causa renascimento no inferno, carma negativo mediano causa renascimento como fantasma faminto, e carma negativo leve causa renascimento como um animal.

É muito fácil cometer carma negativo grave. Por exemplo, ao simplesmente esmagarmos um mosquito motivados por raiva, criamos a causa para renascer no inferno. Durante esta vida e em todas as nossas incontáveis vidas anteriores, cometemos muitas ações negativas graves. A não ser que já tenhamos purificado essas ações por meio de praticarmos sincera confissão, seus potenciais permanecem em nosso continuum mental, e qualquer um desses potenciais negativos poderá amadurecer quando morrermos. Mantendo isso em mente, devemos nos perguntar: "Se eu morrer hoje, onde estarei amanhã? É muito provável que eu me encontre no reino animal, entre os fantasmas famintos ou no inferno. Se alguém hoje me chamasse de vaca estúpida, acharia difícil tolerar isso, mas o que eu faria se realmente me tornasse uma vaca, um porco ou um peixe – o alimento de seres humanos?".

Tendo contemplado repetidamente estes pontos e compreendido como os seres nos reinos inferiores, como os animais, experienciam sofrimentos, geramos um forte medo de renascer nos reinos inferiores. Essa sensação de medo é o objeto da nossa meditação. Mantemos, então, essa sensação sem esquecê-la; a nossa mente deve permanecer estritamente focada nessa sensação de medo pelo maior tempo possível. Se perdermos o objeto da nossa meditação, devemos renovar a sensação de medo por meio de recordá-la imediatamente ou por repetir a contemplação.

Ao final da sessão de meditação, dedicamos as virtudes acumuladas com a prática desta meditação para obtermos a realização sobre o perigo de renascermos nos reinos inferiores e para a aquisição da iluminação para a felicidade de todos os seres vivos.

Durante o intervalo entre as meditações, devemos tentar nunca nos esquecer da nossa sensação de medo de ter um renascimento nos reinos inferiores. Em geral, medo é algo que não é significativo, mas o medo gerado por meio da contemplação e meditação acima tem um significado imenso, porque ele surge da sabedoria, e não da ignorância. Esse medo é a causa principal de buscar refúgio em Buda, Dharma e Sangha, que é a verdadeira proteção contra tais perigos, e também nos ajuda a sermos atentos e conscienciosos para evitar ações não-virtuosas.

4. A PRÁTICA DE REFÚGIO

O propósito desta meditação é nos capacitarmos para alcançar libertação permanente dos renascimentos inferiores. No momento presente, somos seres humanos e livres de termos tido um renascimento inferior, mas isso é apenas uma libertação temporária, e não uma libertação permanente, dos renascimentos inferiores. Até obtermos uma profunda realização do refúgio, teremos de renascer nos reinos inferiores muitas e muitas vezes em nossas incontáveis vidas futuras. Alcançaremos libertação permanente dos renascimentos inferiores por meio de confiarmos sinceramente nas Três Joias: Buda (a fonte de todo refúgio), Dharma (a realização dos ensinamentos de Buda) e Sangha (os praticantes puros de Dharma, que nos ajudam com a nossa prática espiritual). O Dharma é como um remédio que previne os sofrimentos dos três reinos inferiores; Buda é o médico que nos dá esse remédio; e a Sangha são os enfermeiros que nos auxiliam. Compreendendo isso, buscamos refúgio em Buda, Dharma e Sangha.

MEDITAÇÃO

Como prática preparatória, recitamos *Preces para Meditação*, enquanto nos concentramos no significado. Depois, empenhamo-nos na seguinte contemplação:

> *Por receber as bênçãos de Buda e a ajuda da Sangha, alcançarei profundas realizações de Dharma. Por meio disso, conquistarei libertação permanente dos renascimentos inferiores.*

Tendo contemplado repetidamente essa razão válida para buscar refúgio, geramos a forte determinação: "Eu preciso confiar em Buda, Dharma e Sangha como meu refúgio último". Essa determinação é o objeto da nossa meditação. Mantemos, então, essa determinação sem esquecê-la; a nossa mente deve permanecer estritamente focada nessa determinação pelo maior tempo possível. Se perdermos o objeto da nossa meditação, devemos renová-lo por meio de recordar imediatamente nossa determinação ou por repetir a contemplação.

Ao final da sessão de meditação, dedicamos as virtudes acumuladas com a prática desta meditação para a nossa realização do refúgio e para a aquisição da iluminação para a felicidade de todos os seres vivos.

Durante o intervalo entre as meditações, devemos praticar os doze compromissos de refúgio, que estão explicados em detalhes no Apêndice V. Manter os compromissos de refúgio ajuda-nos a fortalecer nossa prática de refúgio, de modo que ela produza frutos rapidamente.

5. AÇÕES E SEUS EFEITOS

O propósito desta meditação é encorajar-nos a purificar não-virtudes e acumular virtudes que fazem com que tenhamos, em nossas vidas futuras, um renascimento humano que possua liberdades e dotes. Neste contexto, "liberdade" significa estar livre de obstáculos físicos e mentais, assim como daqueles que surgem da falta de condições necessárias para estudar e praticar o Dharma. A palavra "dotes" refere-se a ter todas as condições necessárias para estudar e praticar o Dharma.

Uma ação – seja ela física, verbal ou mental – é denominada "carma" em sânscrito. Empenhar-se nas ações corretas necessárias para o bem-estar das nossas vidas futuras depende de uma compreensão correta das ações e seus efeitos. Todas as nossas ações de corpo, fala e mente são *causas*, e todas as nossas experiências são os seus *efeitos*. A lei do carma explica a razão pela qual cada indivíduo tem uma disposição mental única e exclusiva, uma aparência física única e exclusiva, e experiências únicas e exclusivas. Tudo isso são os diversos efeitos das incontáveis ações que cada indivíduo executou no passado. Não podemos encontrar duas pessoas que tenham criado exatamente a mesma história de ações durante suas vidas passadas, e, por essa razão, não podemos encontrar duas pessoas com estados mentais idênticos, experiências idênticas ou aparência física idêntica. Cada pessoa tem um carma individual diferente, o que significa que elas têm experiências cármicas diferentes, que são o resultado de suas próprias ações passadas. Algumas pessoas desfrutam de boa saúde, ao passo que outras estão constantemente doentes. Algumas são muito bonitas, enquanto outras são muito feias. Algumas têm uma disposição feliz, que as torna fáceis de serem agradadas, ao passo que outras são mal-humoradas e raramente contentam-se com algo. Algumas pessoas compreendem facilmente o significado dos ensinamentos espirituais, enquanto outras consideram esses ensinamentos difíceis e obscuros.

É devido ao nosso carma, ou ações, que nascemos neste mundo contaminado e impuro e experienciamos tantas dificuldades e problemas. Nossas ações são impuras porque nossa mente está contaminada pelo veneno interior do agarramento ao em-si. Essa é a razão fundamental pela qual experienciamos sofrimento. Sofrimento é criado pelas nossas próprias ações, ou carma – sofrimento não nos é dado como punição. Sofremos porque fizemos muitas ações não-virtuosas em nossas vidas anteriores, tais como matar, roubar, enganar os outros, destruir a felicidade dos outros, e sustentar visões errôneas. A fonte dessas ações não-virtuosas são as nossas próprias delusões, ou aflições mentais, como raiva, apego e a ignorância do agarramento ao em-si.

Quando tivermos purificado nossa mente do agarramento ao em-si e de todas as demais delusões, todas as nossas ações serão naturalmente puras. Como resultado de nossas ações puras, ou carma puro, tudo o que experienciarmos será puro. Habitaremos um mundo puro, com um corpo puro, desfrutando de prazeres puros e rodeados por seres puros. Não mais haverá o mais leve vestígio de sofrimento, impureza ou problemas. É desse modo que encontramos felicidade verdadeira, que vem da nossa mente.

MEDITAÇÃO

Como prática preparatória, recitamos *Preces para Meditação*, enquanto nos concentramos no significado. Depois, empenhamo-nos na seguinte contemplação:

> *Se eu purificar todas as minhas não-virtudes, não haverá base alguma para que eu tenha um renascimento inferior. Por acumular virtudes, terei, nas vidas futuras, um renascimento humano que possui liberdades e dotes. Assim, poderei continuamente fazer progressos ao longo do caminho para a iluminação, vida após vida.*

Tendo contemplado repetidamente estes pontos, geramos a forte determinação: "Eu preciso purificar todas as minhas não-virtudes, por meio de me empenhar sinceramente na prática de confissão, e preciso colocar grande esforço em acumular virtudes". Essa determinação é o objeto da nossa meditação. Mantemos, então, essa determinação sem esquecê-la; a nossa mente deve permanecer estritamente focada nessa determinação pelo maior tempo possível. Se perdermos o objeto da nossa meditação, devemos renová-lo por meio de recordar imediatamente nossa determinação ou por repetir a contemplação.

Ao final da sessão de meditação, dedicamos as virtudes acumuladas com a prática desta meditação para a nossa realização sobre o carma e para a aquisição da iluminação para a felicidade de todos os seres vivos.

Durante o intervalo entre as meditações, devemos conscienciosamente evitar até mesmo as menores ações não-virtuosas, aplicar grande esforço para purificar as ações não-virtuosas que já criamos, e praticar as ações virtuosas de disciplina moral, dar, paciência, esforço, concentração e sabedoria. Essas ações virtuosas são as causas principais para se alcançar uma vida humana futura que possua liberdades e dotes. Buda disse que um renascimento humano advém da prática de disciplina moral; riqueza advém de generosidade; um corpo bonito advém da paciência; satisfação dos desejos espirituais advém de investir esforço em nosso estudo e prática do Dharma; paz interior advém de concentração; e libertação advém da sabedoria.

O Escopo Intermediário

Renascer em um reino afortunado, como o reino humano, é apenas como tirar férias curtas se, depois, tivermos de descer aos reinos inferiores e, novamente, experienciar extremo sofrimento por um período inconcebivelmente longo.

Experienciamos sofrimento porque estamos no samsara. Se pensarmos profundamente sobre isso, realizaremos que, se quisermos liberdade e felicidade verdadeiras, precisamos abandonar o samsara. Por meio de praticar as etapas do caminho de uma pessoa de escopo intermediário, abandonaremos o samsara e alcançaremos paz interior permanente, completamente livres de todos os sofrimentos, medos e suas causas. Isso é verdadeira libertação.

Alcance a libertação permanente dos sofrimentos do renascimento samsárico

6. DESENVOLVER RENÚNCIA PELO SAMSARA

O propósito desta meditação é desenvolver a realização de renúncia: o desejo espontâneo de alcançar libertação do samsara, o ciclo de renascimento contaminado. Renúncia é a porta através da qual ingressamos no caminho para a libertação, ou *nirvana* – a paz interior permanente alcançada através de abandonar por completo a ignorância do agarramento ao em-si.

Em si mesmo, nosso renascimento humano é um verdadeiro sofrimento; ele é precioso e valioso somente quando o utilizamos para treinar em caminhos espirituais. Experienciamos diversos tipos de sofrimento porque tivemos um renascimento que é contaminado pelo veneno interior das delusões, ou aflições mentais. Essa experiência não tem um começo, pois temos tido renascimentos contaminados desde tempos sem início, e isso não terá um fim até que alcancemos a suprema paz interior do nirvana. Se contemplarmos e meditarmos a respeito do modo como experienciamos sofrimentos e dificuldades ao longo desta vida e vida após vida, chegaremos à firme conclusão de que cada um dos nossos sofrimentos e problemas surge porque tivemos um renascimento contaminado. Desenvolveremos, então, um forte desejo de abandonar o ciclo de renascimento contaminado – o samsara. Este é o primeiro passo na direção de alcançarmos a felicidade do nirvana. Desse ponto de vista, contemplar e meditar sobre o sofrimento possui grande significado.

Enquanto permanecermos nesse ciclo de renascimento contaminado, sofrimentos e problemas nunca terão fim – teremos de experienciá-los repetidamente toda vez que renascermos. Embora não possamos relembrar nossa experiência quando estávamos no útero de nossa mãe ou durante nossa tenra infância, os sofrimentos da vida humana começaram a partir do momento da nossa concepção. Qualquer pessoa pode observar que um bebê recém-nascido experiencia angústia e dor. A primeira coisa que um bebê faz ao nascer é gritar. Raramente se viu um bebê nascendo em completa serenidade, com uma expressão tranquila e sorridente em seu rosto.

Nas contemplações a seguir, pensaremos sobre os vários sofrimentos experienciados no reino humano, mas devemos ter em mente que os sofrimentos dos demais reinos são, em geral, muito piores.

Nascimento

Quando nossa consciência ingressa na união do espermatozoide do nosso pai com o óvulo da nossa mãe, o nosso corpo é uma substância aquosa e quente, como iogurte branco tingido de vermelho. Nos primeiros momentos após a concepção, não temos sensações densas, mas assim que elas se desenvolvem, começamos a experienciar dor. O nosso corpo torna-se, gradualmente, mais consistente, e os nossos membros crescem como se nosso corpo estivesse sendo esticado numa roda de tortura. Dentro do útero da nossa mãe é quente e escuro. O nosso lar por nove meses é esse espaço pequeno, bastante apertado e cheio de substâncias impuras. É como estar espremido dentro de um pequeno tanque de água cheio de líquido imundo, com a tampa firmemente fechada, de modo que nenhum ar ou luz consigam entrar.

Enquanto estamos no útero da nossa mãe, experienciamos muita dor e medo, tudo isso inteiramente sós. Somos extremamente sensíveis a tudo o que a nossa mãe faz. Quando ela anda rapidamente, sentimos como se estivéssemos caindo de uma montanha alta e ficamos aterrorizados. Se ela tem relações sexuais, sentimos como se estivéssemos sendo esmagados e sufocados entre dois imensos pesos e ficamos em pânico. Se nossa mãe der apenas um pequeno salto, sentimos como se estivéssemos sendo jogados contra o chão de uma grande altura. Se ela bebe qualquer coisa quente, sentimos como se água escaldante estivesse queimando nossa pele, e, se ela bebe qualquer coisa gelada, é como se fosse uma ducha fria no inverno.

Quando saímos do útero da nossa mãe, sentimos como se estivéssemos sendo forçados através de uma abertura apertada entre duas rochas bem firmes, e, quando acabamos de nascer, nosso corpo é tão delicado que qualquer tipo de contato é doloroso. Mesmo se alguém nos segurar com muita ternura, suas mãos parecerão espinhos penetrando em nossa carne, e os mais delicados tecidos parecerão ásperos e abrasivos. Comparada com a maciez e suavidade do útero da nossa mãe, qualquer sensação tátil é desagradável e dolorosa. Se alguém nos pegar, é como se estivéssemos sendo balançados acima de um grande precipício, e nos sentimos assustados e inseguros. Teremos nos esquecido de tudo o que sabíamos em nossa vida passada; do útero da nossa mãe trouxemos apenas dor e confusão. Tudo o que escutamos é sem sentido, como o som do vento, e não podemos compreender nada do que percebemos. Nas primeiras semanas, somos como alguém que é cego, surdo e mudo, e que sofre de profunda amnésia. Quando estamos com fome, não podemos dizer "eu preciso de comida", e, quando sentimos dor, não podemos falar "isto está me causando dor". Os únicos sinais que conseguimos produzir são lágrimas quentes e gestos furiosos. Nossa mãe frequentemente não tem ideia da dor e do desconforto que estamos experienciando. Somos completamente impotentes, e tudo nos tem que ser ensinado – como comer, como sentar, como andar, como falar.

Embora sejamos muito vulneráveis nas primeiras semanas da nossa vida, nossos sofrimentos não cessam à medida que crescemos. Continuamos a vivenciar vários tipos de sofrimento por toda a nossa vida. Quando acendemos uma lareira numa casa grande, o calor do fogo permeia toda a casa, e todo o calor da casa tem a sua origem no fogo; do mesmo modo, quando nascemos no samsara, o sofrimento permeia toda a nossa vida, e todos os sofrimentos que experienciamos surgem porque tivemos um renascimento contaminado.

Nosso renascimento humano, contaminado pela delusão venenosa do agarramento ao em-si, é a base do nosso sofrimento humano; sem essa base, não existem problemas humanos. As dores do nascimento gradualmente se convertem nas dores da doença, do envelhecimento e da morte – elas são um único *continuum*.

Doença

Nosso nascimento dá origem ao sofrimento da doença. Assim como o vento e a neve do inverno roubam a glória dos prados verdejantes, das árvores, das florestas e das flores, a doença tira o esplendor da juventude do nosso corpo, destruindo o seu vigor e o poder dos nossos sentidos. Se normalmente somos saudáveis e nos sentimos bem, quando adoecemos ficamos repentinamente incapazes de nos envolver em nossas atividades físicas habituais. Mesmo um campeão de boxe, que normalmente é capaz de levar a nocaute todos os seus adversários, torna-se completamente indefeso quando a doença o atinge. A doença faz com que todas as experiências dos nossos prazeres diários desapareçam, e leva-nos a experienciar sensações desagradáveis dia e noite.

Quando caímos doentes, somos como um pássaro que estava pairando nas alturas do céu e repentinamente é abatido. Quando um pássaro é abatido, ele cai direto ao chão como um pedaço de chumbo, e toda a sua glória e poder são imediatamente destruídos. De modo semelhante, quando adoecemos, ficamos repentinamente incapacitados. Se estivermos seriamente doentes, podemos nos tornar totalmente dependentes dos outros e perder, inclusive, a habilidade de controlar nossas funções corporais. Essa transformação é difícil de suportar, especialmente para os que são orgulhosos de sua independência e bem-estar físico.

Quando estamos doentes, sentimo-nos frustrados por não podermos fazer o nosso trabalho habitual ou concluir todas as tarefas com as quais nos comprometemos. Facilmente ficamos impacientes com nossa doença e deprimidos com todas as coisas que não podemos fazer. Não conseguimos desfrutar das coisas que normalmente nos dão prazer, como a prática de esportes, dançar, beber, comer alimentos saborosos ou a companhia dos nossos amigos. Todas essas limitações nos fazem sentir ainda mais infelizes; e, para aumentar a nossa infelicidade, temos que suportar todas as dores físicas que a doença traz.

Quando estamos doentes, temos de experienciar não apenas todas as dores indesejáveis da própria doença, mas também toda sorte de outras coisas indesejadas. Por exemplo, temos de tomar qualquer medicamento que for prescrito, quer seja um remédio de sabor repugnante, uma série de injeções, passar por uma grande cirurgia ou nos abster de alguma coisa de que gostamos muito. Se tivermos que fazer uma intervenção cirúrgica, teremos de ir ao hospital e aceitar todas as suas condições. Podemos ter que comer alimentos que não gostamos e ficar numa cama durante o dia todo sem nada para fazer, e podemos nos sentir ansiosos em relação à cirurgia. Nosso médico pode não nos explicar exatamente qual é o problema que temos e se ele, ou ela, espera que sobrevivamos ou não.

Se descobrirmos que a nossa doença é incurável e não tivermos experiência espiritual, sofreremos de ansiedade, medo e arrependimento. Podemos ficar deprimidos e perder a esperança, ou podemos ficar com raiva da nossa doença, sentindo que ela é um inimigo que maldosamente nos privou de toda a alegria.

Envelhecimento

O nosso nascimento também dá origem aos sofrimentos do envelhecimento. O envelhecimento rouba a nossa beleza, a nossa saúde, a nossa boa aparência, o corado do nosso rosto, a nossa vitalidade e o nosso conforto. O envelhecimento nos transforma em objetos de desdém. Ele traz muitos sofrimentos indesejáveis e leva-nos rapidamente para a nossa morte.

À medida que envelhecemos, perdemos toda a beleza da nossa juventude, e o nosso corpo sadio e forte torna-se fraco e oprimido por doenças. Nosso porte, outrora vigoroso e bem proporcionado, torna-se curvado e desfigurado; e nossos músculos e carne encolhem tanto que os nossos membros tornam-se finos como gravetos, e nossos ossos, salientes e protuberantes. O nosso cabelo perde a cor e o brilho, e nossa pele perde a sua radiância. O nosso rosto torna-se enrugado, e a nossa fisionomia fica gradualmente distorcida. Milarepa disse:

Como os velhos se levantam? Eles se levantam como se estivessem arrancando uma estaca do chão. Como os velhos andam? Uma vez que estejam em pé, eles têm que andar cuidadosamente, como fazem os caçadores de pássaros. Como os velhos se sentam? Eles se estatelam como malas pesadas cujas alças se romperam.

Podemos contemplar o seguinte poema sobre os sofrimentos do envelhecimento, escrito pelo grande erudito Gungtang:

Quando somos idosos, nosso cabelo se torna branco,
Não porque o tenhamos lavado muito bem;
Isso é um sinal de que, em breve, encontraremos o Senhor da Morte.

Temos rugas em nossa fronte,
Não porque tenhamos carne demais;
É um aviso do Senhor da Morte: "Estás prestes a morrer".

Nossos dentes caem,
Não para abrir espaço para novos;
É um sinal de que, em breve, perderemos a capacidade de ingerir alimentos que as pessoas normalmente desfrutam.

Nosso rosto é feio e desagradável,
Não porque estejamos usando máscaras;
Isso é um sinal de que perdemos a máscara da juventude.

Nossa cabeça balança de um lado para outro,
Não porque estejamos discordando;
É o Senhor da Morte batendo em nossa cabeça com o bastão que ele traz em sua mão direita.

Andamos curvados, fitando o chão,
Não porque estejamos à procura de agulhas perdidas;

Isso é um sinal de que estamos em busca da beleza e das memórias que deixamos de ter.

Levantamo-nos do chão usando os quatro membros,
Não porque estejamos a imitar os animais;
Isso é um sinal de que as nossas pernas estão fracas demais para suportar o nosso corpo.

Sentamo-nos como se tivéssemos sofrido uma queda repentina,
Não porque estejamos zangados;
Isso é um sinal de que o nosso corpo perdeu seu vigor.

Nosso corpo balança quando andamos,
Não porque pensemos que somos importantes;
Isso é um sinal de que as nossas pernas não podem sustentar o nosso corpo.

Nossas mãos tremem,
Não porque estejam com ânsia de roubar;
Isso é um sinal de que os dedos gananciosos do Senhor da Morte estão roubando as nossas posses.

Comemos pouco,
Não porque somos avaros;
Isso é um sinal de que não podemos digerir nossa comida.

Sibilamos com frequência,
Não porque estejamos sussurrando mantras aos doentes;
Isso é um sinal de que nossa respiração em breve desaparecerá.

Quando somos jovens, podemos viajar ao redor do mundo inteiro, mas, quando ficamos velhos, dificilmente conseguimos ir até a porta de entrada da nossa própria casa. Tornamo-nos demasiadamente fracos para nos envolvermos em muitas atividades mundanas, e as nossas atividades espirituais são frequentemente abreviadas. Por exemplo, temos pouco vigor físico para fazer ações virtuosas e pouca energia mental para memorizar, contemplar e meditar. Não podemos assistir a ensinamentos que são dados em lugares de difícil acesso ou desconfortáveis de se estar. Não podemos ajudar os outros através de meios que requeiram força física e boa saúde. Privações como essas frequentemente deixam as pessoas idosas muito tristes.

Quando envelhecemos, ficamos como alguém que é cego e surdo. Não podemos ver com clareza e precisamos de óculos cada vez mais fortes até chegar o momento em que não conseguimos mais ler. Não podemos escutar claramente, e isso nos deixa com dificuldades cada vez maiores para ouvir música ou a televisão ou para escutar o que os outros estão dizendo. Nossa memória se enfraquece. Todas as atividades, mundanas e espirituais, tornam-se mais difíceis. Se praticamos meditação, torna-se mais difícil obtermos realizações, porque nossa memória e concentração estão muito fracas. Não conseguimos nos dedicar ao estudo. Desse modo, se não tivermos aprendido e treinado as práticas espirituais quando éramos jovens, a única coisa a fazer quando envelhecermos será desenvolver arrependimento e esperar pela chegada do Senhor da Morte.

Quando somos idosos, não conseguimos obter o mesmo prazer das coisas que costumávamos desfrutar, como alimentos, bebida e sexo. Estamos fracos demais para disputar um jogo e sentimo-nos frequentemente exaustos até mesmo para nos divertirmos. À medida que o nosso tempo de vida se esgota, não conseguimos nos incluir nas atividades das pessoas jovens. Quando elas viajam, temos que ficar para trás. Ninguém quer nos levar com eles quando somos velhos e ninguém deseja nos visitar. Mesmo os nossos netos não querem ficar conosco por muito tempo. Pessoas idosas frequentemente pensam consigo mesmas: "Que maravilhoso seria se os jovens estivessem comigo. Poderíamos sair para caminhadas, e eu poderia mostrar-lhes algo", mas os jovens não querem ser incluídos nos seus planos. À medida que suas vidas vão chegando ao fim, as pessoas idosas experienciam o sofrimento do abandono e da solidão. Elas têm muitos sofrimentos específicos.

Morte

O nosso nascimento também dá origem aos sofrimentos da morte. Se, durante a nossa vida, tivermos trabalhado arduamente para adquirir posses e se tivermos nos tornado muito apegados a elas, experienciaremos grande sofrimento na hora da morte, pensando: "Agora, tenho de deixar todas as minhas preciosas posses para trás". Mesmo agora, achamos difícil emprestar algum dos nossos mais preciosos bens, quanto mais dá-lo. Não é de surpreender que fiquemos tão infelizes quando nos damos conta de que, nas mãos da morte, temos de abandonar tudo.

Quando morremos, temos de nos separar até mesmo dos nossos amigos mais próximos. Temos de deixar nosso companheiro ainda que tenhamos estado juntos durante anos, sem passar sequer um dia separados. Se formos muito apegados aos nossos amigos, experienciaremos grande sofrimento na hora da morte, mas tudo o que poderemos fazer será segurar suas mãos. Não seremos capazes de parar o processo da morte, mesmo se eles implorarem para que não morramos. Geralmente, quando somos muito apegados a alguém, sentimos ciúme caso ele (ou ela) nos deixe sozinhos e passe o seu tempo com outra pessoa; mas, quando morrermos, teremos de deixar nossos amigos com os outros para sempre. Teremos de deixar todos, incluindo nossa família e todas as pessoas que nos ajudaram nesta vida.

Quando morrermos, este corpo que temos apreciado e cuidado de tantas e variadas maneiras terá de ser deixado para trás. Ele se tornará insensível como uma pedra e será sepultado sob a terra ou cremado. Se não tivermos a proteção interior da experiência espiritual, na hora da morte experienciaremos medo e angústia, assim como dor física.

Quando a nossa consciência deixar nosso corpo na hora da morte, todos os potenciais que acumulamos em nossa mente, por meio das ações virtuosas e não-virtuosas que fizemos, irão com ela. Não poderemos levar nada deste mundo além disso. Todas as outras coisas irão nos decepcionar. A morte interrompe todas as nossas atividades – as nossas conversas, a nossa refeição, o nosso encontro com amigos, o nosso sono. Tudo chega ao fim no dia da nossa morte e temos de deixar todas as coisas para trás, até mesmo os anéis em nossos dedos. No Tibete, os mendigos carregam consigo um bastão para se defenderem dos cães. Para compreender a completa privação provocada pela morte devemos nos lembrar que, na hora da morte, os mendigos têm de deixar até esse velho bastão, a mais insignificante das posses humanas. Ao redor do mundo, podemos ver que os nomes esculpidos em pedra são a única posse dos mortos.

Outros tipos de sofrimento

Nós também temos de experienciar os sofrimentos da separação, de ter que nos defrontar com o que não gostamos, e de não ter nossos desejos satisfeitos – os quais incluem os sofrimentos da pobreza, de ser prejudicado por humanos e não-humanos e por água, fogo, vento e terra. Antes da separação final na hora da morte, frequentemente temos que experienciar a separação temporária de pessoas e coisas de que gostamos, o que nos causa dor mental. Podemos ter que deixar o nosso país, onde todos os nossos amigos e parentes vivem, ou podemos ter que deixar o trabalho de que gostamos. Podemos perder nossa reputação. Muitas vezes, nesta vida, temos que vivenciar o sofrimento de nos separar das pessoas de que gostamos ou abandonar e perder as coisas que consideramos agradáveis e atraentes; mas, quando morrermos, teremos de nos separar para sempre de todos os nossos companheiros e prazeres e de todas as condições exteriores e interiores desta vida que contribuem para a nossa prática de Dharma.

Frequentemente temos que nos encontrar e conviver com pessoas de quem não gostamos ou enfrentar situações que consideramos desagradáveis. Algumas vezes, podemos nos achar numa situação muito perigosa, como num incêndio ou enchente, ou onde há violência, como num tumulto ou numa batalha. Nossas vidas estão repletas de situações menos extremas, que achamos irritantes. Algumas vezes, somos impedidos de fazer as coisas que queremos. Num dia ensolarado, podemos nos determinar a ir para a praia, mas nos encontrarmos presos num congestionamento. Continuamente, experienciamos interferência dos nossos demônios interiores – as delusões, ou aflições mentais – que perturbam nossa mente e nossas práticas espirituais. Há inumeráveis condições que frustram nossos planos e nos impedem de fazer o que queremos. É como se estivéssemos nus e vivendo em um arbusto espinhento – sempre que tentamos nos mexer, somos feridos pelas circunstâncias. Pessoas e coisas são como espinhos perfurando nossa carne, e nenhuma situação jamais nos parecerá inteiramente confortável. Quanto mais desejos e planos temos, mais frustrações experienciamos. Quanto mais desejamos determinadas situações, mais nos encontramos presos em situações que não queremos. Todo desejo parece convidar seu próprio obstáculo. Situações indesejáveis nos acontecem sem que procuremos por elas. Na verdade, as únicas coisas que vêm sem esforço são as coisas que não queremos. Ninguém deseja morrer, mas a morte vem sem esforço. Ninguém deseja ficar doente, mas a doença vem sem esforço. Por termos renascido sem liberdade ou controle, temos um corpo impuro e vivemos num ambiente impuro e, por essa razão, coisas indesejáveis desabam sobre nós. No samsara, esse tipo de experiência é completamente natural.

Temos incontáveis desejos, mas não importa quanto esforço façamos, nunca sentimos que os satisfizemos. Mesmo quando conseguimos o que queremos, não o conseguimos da maneira que queríamos. Possuímos o objeto, mas não extraímos satisfação por possuí-lo. Por exemplo, podemos sonhar em nos tornarmos ricos, mas, se realmente enriquecermos, a nossa vida não será da maneira que havíamos imaginado e não sentiremos que o nosso desejo foi satisfeito. A razão é que os nossos desejos não diminuem conforme nossa riqueza aumenta. Quanto mais riqueza

Conquiste libertação permanente deste ciclo do samsara, onde não existe felicidade verdadeira

temos, mais desejamos. A riqueza que procuramos não pode ser encontrada, pois buscamos uma quantidade que sacie os nossos desejos, e nenhuma quantidade de riqueza pode fazer isso. Para piorar as coisas, ao obter o objeto do nosso desejo criamos novas oportunidades para descontentamento. Com cada objeto que desejamos, vêm outros objetos que não queremos. Por exemplo, com a riqueza vêm impostos, insegurança e complicados assuntos financeiros. Esses efeitos secundários indesejáveis sempre impedem que nos sintamos plenamente satisfeitos. De modo semelhante, podemos sonhar em passar as férias num lugar exótico e podemos realmente ir até lá, mas a experiência nunca será o que esperamos e, junto com as nossas férias, vêm outras coisas, como uma queimadura de sol e grandes despesas.

Se examinarmos nossos desejos, veremos que eles são excessivos. Queremos todas as melhores coisas no samsara – o melhor trabalho, o melhor companheiro, a melhor reputação, a melhor casa, o melhor carro, as melhores férias. Qualquer coisa que não seja a melhor deixa-nos com um sentimento de desapontamento – ainda à procura por ela, mas não encontrando o que queremos. Nenhum prazer mundano, no entanto, pode nos dar a satisfação completa e perfeita que desejamos. Coisas melhores estão sempre sendo produzidas. Em toda parte, novas propagandas anunciam que a melhor coisa acabou de chegar ao mercado, mas, poucos dias depois, chega outra ainda melhor que a "melhor" de poucos dias atrás. O surgimento de novas coisas para cativar os nossos desejos não tem fim.

Na escola, as crianças nunca conseguem satisfazer suas próprias ambições ou as de seus pais. Mesmo que cheguem ao primeiro lugar da classe, elas sentem que não podem se contentar com isso, a menos que façam a mesma coisa no ano seguinte. Se elas prosseguem, sendo bem-sucedidas em seus empregos, suas ambições serão mais fortes do que nunca. Não há nenhum ponto a partir do qual possam descansar, sentindo que estão completamente satisfeitas com o que já fizeram.

Podemos pensar que, ao menos, as pessoas que levam uma vida simples no campo devem estar satisfeitas, mas, se olharmos para sua situação, iremos perceber que até mesmo os agricultores procuram, mas não encontram o que desejam. Suas vidas estão cheias de problemas e ansiedades, e eles não desfrutam de paz e satisfação verdadeiras. O sustento deles depende de muitos fatores incertos que estão além de seu controle, como o clima. Os agricultores não têm maior liberdade perante o descontentamento do que uma pessoa de negócios que vive e trabalha na cidade. Pessoas de negócios parecem elegantes e eficientes quando saem a cada manhã para trabalhar, carregando suas pastas, mas, embora exteriormente pareçam muito confiantes, em seus corações carregam muitas insatisfações. Elas ainda estão procurando, mas nunca encontram o que desejam.

Se refletirmos sobre essa situação, podemos chegar à conclusão de que encontraremos o que procuramos se abandonarmos todas as nossas posses. Podemos ver, no entanto, que mesmo as pessoas pobres estão à procura, mas não encontram o que buscam, e muitas pessoas pobres têm dificuldade em obter até mesmo as necessidades mais básicas da vida – milhões de pessoas no mundo vivenciam os sofrimentos da pobreza extrema.

Não podemos evitar o sofrimento da insatisfação mudando frequentemente a nossa situação. Podemos pensar que se conseguirmos continuamente um novo companheiro, um novo emprego ou se ficarmos viajando por aí, encontraremos finalmente o que queremos; mas, mesmo se viajássemos para todos os lugares do planeta e tivéssemos um novo companheiro em cada cidade, ainda assim continuaríamos à procura de um outro lugar e de um outro companheiro. No samsara não existe verdadeira satisfação dos nossos desejos.

Sempre que virmos qualquer pessoa numa posição elevada ou inferior, seja homem ou mulher, essas pessoas diferem apenas na aparência, roupas, comportamento e *status*. Em essência, todos são iguais – todos vivenciam problemas em suas vidas. Sempre que temos um problema, é fácil pensar que ele é causado por nossas circunstâncias particulares e que, se mudássemos as circunstâncias, nossos problemas desapareceriam. Acusamos as outras pessoas, os nossos amigos, a nossa comida, o governo, a nossa época, o clima, a sociedade, a história, e assim por diante. No entanto, circunstâncias exteriores como essas não são as causas principais dos nossos problemas. Precisamos reconhecer que todo sofrimento físico e dor mental que experienciamos são a consequência de termos tido um renascimento que é contaminado pelo veneno interior das delusões. Seres humanos têm de vivenciar diversos tipos de sofrimento humano porque tiveram um renascimento contaminado humano; os animais têm de vivenciar sofrimento animal porque tiveram um renascimento contaminado animal; e fantasmas famintos e seres-do-inferno têm de vivenciar seus próprios sofrimentos porque tiveram um renascimento contaminado como fantasmas famintos ou seres-do-inferno. Mesmo os deuses não estão livres do sofrimento, porque eles também tiveram um renascimento contaminado. Assim como uma pessoa presa num violento incêndio desenvolve um medo intenso, devemos desenvolver um medo intenso dos sofrimentos insuportáveis do ciclo sem fim de vida impura. Esse medo é verdadeira renúncia e surge da nossa sabedoria.

MEDITAÇÃO

Como prática preparatória, recitamos *Preces para Meditação*, enquanto nos concentramos no significado. Depois, empenhamo-nos na seguinte contemplação:

> *A menos que eu alcance libertação do samsara – o ciclo de renascimento contaminado – terei de experienciar, muitas e muitas vezes, vida após vida, interminavelmente, os sofrimentos do nascimento, da doença, do envelhecimento, da morte, de ter que me separar do que gosto, de ter que me defrontar com o que não gosto, e de não conseguir satisfazer os meus desejos.*

Tendo contemplado repetidamente este ponto, geramos a forte determinação: "Preciso abandonar o samsara e alcançar a suprema

Venha para debaixo do grande para-sol do Budismo

paz interior da libertação". Essa determinação é o objeto da nossa meditação. Mantemos, então, essa determinação sem esquecê-la; a nossa mente deve permanecer estritamente focada nessa determinação pelo maior tempo possível. Se perdermos o objeto da nossa meditação, devemos renová-lo por meio de recordar, imediatamente, nossa determinação ou por repetir a contemplação.

Ao final da sessão de meditação, dedicamos as virtudes acumuladas com a prática desta meditação para a nossa realização da renúncia e para a aquisição da iluminação para a felicidade de todos os seres vivos.

Durante o intervalo entre as meditações, tentamos nunca esquecer nossa determinação de abandonar o samsara e de alcançar a libertação. Quando encontrarmos circunstâncias difíceis, ou quando virmos os outros experienciando dificuldades, devemos usar isso para nos lembrarmos das desvantagens do samsara. Quando as coisas vão bem, não devemos nos enganar ou iludir, mas recordar que os prazeres samsáricos duram pouco e são enganosos. Desse modo, podemos usar todas as nossas experiências da vida diária para fortalecer nossa prática de renúncia.

O método efetivo para abandonar o samsara e alcançar a libertação é a prática dos três treinos superiores – os treinos em disciplina moral, concentração e sabedoria, motivados por renúncia. Usando o corpo da disciplina moral, a mão da concentração e o machado da sabedoria que realiza a vacuidade, podemos cortar a árvore venenosa do agarramento ao em-si e, assim, destruir todos os seus galhos, que são todas as nossas outras delusões. Por meio disso, experienciaremos paz interior permanente – libertação verdadeira, ou nirvana.

O Grande Escopo

Devemos manter renúncia – o desejo de abandonar o samsara e alcançar libertação – dia e noite. Renúncia é o caminho principal para a libertação e a base de realizações mais avançadas. Entretanto, não devemos nos contentar em buscar meramente nossa própria libertação; precisamos, também, levar em consideração o bem-estar dos outros seres vivos. Existem incontáveis seres presos na prisão do samsara, experienciando uma variedade ilimitada de sofrimentos. Cada um de nós é apenas uma só pessoa, ao passo que os outros seres vivos são numericamente incontáveis; portanto, a felicidade dos outros é muito mais importante que a nossa própria felicidade. Por essa razão, devemos ingressar no Caminho Mahayana, o método supremo para beneficiar todos os seres vivos. Mahayana significa "grande veículo para a iluminação". A porta de entrada pela qual ingressamos no Caminho Mahayana é por meio de gerar a mente que espontaneamente deseja alcançar a iluminação para o benefício de todos os seres vivos. Essa mente preciosa é denominada "bodhichitta".

Mantenha harmonia e alegria o tempo todo

7. DESENVOLVER EQUANIMIDADE

O propósito desta meditação é libertar nossa mente de atitudes desequilibradas, que são o obstáculo principal para desenvolver as realizações mahayana essenciais: amor imparcial, compaixão imparcial e bodhichitta. Nossos sentimentos em relação aos outros normalmente são desequilibrados, ou instáveis. Quando vemos um amigo ou alguém que achamos particularmente atrativo, ou agradável, sentimo-nos contentes; quando vemos um inimigo ou uma pessoa não atrativa, ou desagradável, sentimos desprazer por ele ou ela; e quando vemos um estranho ou alguém que não achamos atrativo nem não atrativo, sentimos indiferença. Enquanto tivermos essas atitudes desequilibradas, nossa mente será como um terreno pedregoso, que não pode sustentar o crescimento de realizações mahayana. Nossa primeira tarefa, portanto, é libertar nossa mente dessas atitudes desequilibradas e desenvolver genuína equanimidade – uma atitude calorosa e amigável equanimemente dirigida a todos os seres vivos.

MEDITAÇÃO

Como prática preparatória, recitamos *Preces para Meditação*, enquanto nos concentramos no significado. Depois, empenhamo-nos na seguinte contemplação:

> *Não faz sentido sentir apego por alguém que aparece atrativo ou agradável, sentir aversão em relação a alguém que aparece não atrativo ou desagradável, ou sentir indiferença em relação a alguém que não é atrativo tampouco não atrativo. Alguém que aparece atrativo ou agradável para mim pode ser um objeto de aversão para outros; alguém que aparece não atrativo ou desagradável para mim pode ser um objeto de apego para outros; e alguém por quem eu sinta indiferença pode ser um*

objeto de apego ou de aversão para os outros. Não há certezas. As aparências de atratividade, não atratividade e indiferença são, apenas, minhas próprias projeções equivocadas; elas tornam minha mente desequilibrada e agitada, e destroem minha felicidade.

Tendo contemplado repetidamente estes pontos, geramos a forte determinação: "Preciso interromper essas mentes desequilibradas, e desenvolver e manter equanimidade – uma atitude calorosa e amigável equanimemente dirigida a todos os seres vivos". Com essa determinação, geramos um sentimento caloroso e amigável em relação a todos os seres vivos, sem exceção. Esse sentimento de equanimidade é o objeto da nossa meditação. Mantemos, então, esse sentimento sem esquecê-lo; a nossa mente deve permanecer estritamente focada nesse sentimento de equanimidade pelo maior tempo possível. Se perdermos o objeto da nossa meditação, devemos renová-lo por meio de recordar imediatamente nossa determinação ou por repetir a contemplação.

Ao final da sessão de meditação, dedicamos as virtudes acumuladas com a prática desta meditação para a nossa realização da equanimidade e para a aquisição da iluminação para a felicidade de todos os seres vivos.

Durante o intervalo entre as meditações, mantemos esse sentimento de equanimidade dia e noite, conservando em nosso coração um sentimento caloroso em relação a todos em quem pensamos ou encontramos. Se fizermos isso, não haverá base para que os problemas do apego ou da raiva surjam, e nossa mente permanecerá em paz o tempo todo.

8. RECONHECER QUE TODOS OS SERES VIVOS SÃO NOSSAS MÃES

Gerar bodhichitta, o caminho principal para a iluminação, depende de compaixão universal e de amor apreciativo, que, por sua vez, dependem de amor afetuoso. Para aprimorar nosso amor afetuoso por todos os seres vivos, começamos contemplando de que modo todos eles são nossas mães.

Visto que é impossível encontrar um início para o nosso *continuum* mental, segue-se que tivemos incontáveis renascimentos no passado; e, se tivemos incontáveis renascimentos, precisamos ter tido incontáveis mães. Onde estão todas essas mães, agora? Elas são todos os seres vivos que vivem hoje.

É incorreto raciocinar que as nossas mães das vidas anteriores não são mais nossas mães apenas porque um longo tempo passou desde que elas efetivamente cuidaram de nós. Se a nossa mãe atual viesse a morrer hoje, deixaria ela de ser a nossa mãe? Não, nós continuaríamos a considerá-la como sendo nossa mãe e rezaríamos pela sua felicidade. O mesmo é verdadeiro para todas as nossas mães anteriores – elas morreram, mas ainda permanecem sendo nossas mães. É somente por causa das mudanças na nossa aparência exterior que não nos reconhecemos mais um ao outro.

Em nossa vida diária, vemos muitos seres vivos diferentes, tanto humanos quanto não humanos. Consideramos alguns como amigos, outros como inimigos, e a maioria como estranhos. Estas distinções são feitas por nossas mentes equivocadas: elas não são confirmadas por mentes válidas. Em vez de seguir tais mentes equivocadas, seria melhor considerar todos os seres vivos como sendo nossas mães. Quem quer que encontremos, devemos pensar: "essa pessoa é minha mãe". Desse modo, desenvolveremos um sentimento caloroso equanimemente dirigido para todos os seres vivos.

Se considerarmos todos os seres vivos como sendo nossas mães, acharemos fácil desenvolver amor e compaixão puros, os nossos relacionamentos diários irão se tornar puros e estáveis e, naturalmente, evitaremos ações negativas, tais como matar ou prejudicar os seres vivos. Visto que é tão benéfico considerar todos os seres vivos como sendo nossas mães, devemos adotar, sem hesitação, esse modo de pensar.

MEDITAÇÃO

Como prática preparatória, recitamos *Preces para Meditação*, enquanto nos concentramos no significado. Depois, empenhamo-nos na seguinte contemplação:

> *Visto que é impossível encontrar um início para o meu* continuum *mental, segue-se que eu tive incontáveis renascimentos no passado, e, se eu tive incontáveis renascimentos, precisei ter tido incontáveis mães. Onde estão todas essas mães, agora? Elas são todos os seres vivos que vivem hoje.*

Tendo contemplado repetidamente este ponto, geramos o forte reconhecimento de que todos os seres vivos são nossas mães. Este reconhecimento é o objeto da nossa meditação. Mantemos, então, esse reconhecimento sem esquecê-lo; a nossa mente deve permanecer estritamente focada nesse reconhecimento pelo maior tempo possível. Se perdermos o objeto da nossa meditação, devemos renová-lo por meio de recordar imediatamente nosso reconhecimento ou por repetir a contemplação.

Ao final da sessão de meditação, dedicamos as virtudes acumuladas com a prática desta meditação para a realização de que todos os seres vivos são nossas mães e para a aquisição da iluminação para a felicidade de todos os seres vivos.

Durante o intervalo entre as meditações, mantemos esse reconhecimento dia e noite. Devemos considerar todos aqueles que encontramos como sendo nossas mães. Isso se aplica até mesmo a animais e insetos, assim como aos nossos inimigos. Em vez de identificar as pessoas como amigos, inimigos ou estranhos, devemos tentar ver todas elas igualmente como sendo nossas mães. Desse modo, superaremos as atitudes prejudiciais de apego, ódio e indiferença.

Pegue as preciosas joias de sabedoria e de compaixão
do vaso-tesouro do Dharma Kadam

9. RELEMBRAR A BONDADE DOS SERES VIVOS

Depois de nos termos convencido de que todos os seres vivos são nossas mães, contemplamos a imensa bondade que recebemos de cada um deles quando foram nossas mães, bem como a bondade que eles nos têm demonstrado em outros momentos.

Quando fomos concebidos, se a nossa mãe não tivesse desejado manter-nos em seu útero, ela poderia ter feito um aborto. Se ela o tivesse feito, não teríamos agora esta vida humana. Devido à sua bondade, ela nos permitiu ficar em seu útero e, por isso, desfrutamos agora de uma vida humana e experienciamos todas as suas vantagens. Quando éramos um bebê, se não tivéssemos recebido seu constante cuidado e atenção, certamente teríamos tido um acidente e poderíamos agora estar inválidos ou cegos. Afortunadamente, nossa mãe não descuidou de nós. Dia e noite, ela nos deu seu cuidado amoroso, considerando-nos mais importantes do que a si mesma. A cada dia, ela salvou nossa vida muitas vezes. Durante a noite, permitia que seu sono fosse interrompido, e, durante o dia, privava-se de seus prazeres habituais. Ela teve que deixar seu trabalho e, quando seus amigos saíam para se divertir, ficava para trás. Ela gastou todo o seu dinheiro conosco, dando-nos a melhor comida e as melhores roupas que podia proporcionar. Ela nos ensinou a como comer, como andar, como falar. Pensando em nosso bem-estar futuro, ela fez o melhor que pôde para garantir que recebêssemos uma boa educação. Por causa da sua bondade, agora somos capazes de estudar qualquer coisa que escolhermos. É principalmente pela bondade da nossa mãe que agora temos a oportunidade de praticar o Dharma e, por fim, alcançar a iluminação.

Já que não há um ser vivo que não tenha sido nossa mãe em algum momento de nossas vidas passadas e já que, quando fomos seus filhos, eles nos trataram com a mesma bondade que a nossa mãe atual tem nos tratado nesta vida, todos os seres vivos são muito bondosos.

A bondade dos seres vivos não está limitada ao tempo em que foram nossas mães. A todo o momento, nossas necessidades diárias são atendidas pela bondade dos outros. Não trouxemos nada da nossa vida anterior, mas, assim que nascemos, foi-nos dado um lar, comida, roupas e tudo o de que precisávamos – tudo provido pela bondade dos outros. Tudo o que agora desfrutamos foi proporcionado pela bondade dos outros seres, passados ou presentes.

Podemos usar muitas coisas com muito pouco esforço de nossa parte. Se considerarmos recursos como estradas, carros, trens, aviões, navios, casas, restaurantes, hotéis, bibliotecas, hospitais, lojas, dinheiro e assim por diante, fica claro que muitas pessoas trabalharam arduamente para providenciar essas coisas. Mesmo que contribuamos pouco, ou nada, para o fornecimento desses recursos, eles estão todos à nossa disposição para que os utilizemos. Isso mostra a grande bondade dos outros.

Tanto a nossa educação geral como o nosso treino espiritual são, ambos, proporcionados pelos outros. Todas as nossas realizações de Dharma, desde os nossos primeiros *insights* até a nossa conquista final da libertação e da iluminação, serão alcançadas na dependência da bondade dos outros.

MEDITAÇÃO

Como prática preparatória, recitamos *Preces para Meditação*, enquanto nos concentramos no significado. Depois, focando todos os seres vivos, empenhamo-nos na seguinte contemplação:

> *Nas vidas anteriores, quando eu fui o filho deles, todos os seres vivos trataram-me com a mesma bondade com que a minha mãe atual me tratou nesta vida.*
>
> *A bondade desses seres vivos não está limitada ao tempo em que foram minhas mães; a todo o momento, minhas necessidades diárias são atendidas através de sua bondade. Minha educação geral, meu treino espiritual e todas as minhas*

realizações de Dharma – desde os meus primeiros insights *até a minha conquista final da libertação e da iluminação – são alcançados na dependência da bondade desses seres vivos.*

Tendo contemplado repetidamente a bondade de todos os seres vivos, geramos um forte sentimento de amor afetuoso por eles. Este sentimento é o objeto da nossa meditação. Mantemos, então, esse sentimento sem esquecê-lo; a nossa mente deve permanecer estritamente focada nesse sentimento de amor afetuoso por todos os seres vivos pelo maior tempo possível. Se perdermos o objeto da nossa meditação, devemos renová-lo por meio de recordar imediatamente nosso sentimento de amor afetuoso ou por repetir a contemplação.

Ao final da sessão de meditação, dedicamos as virtudes acumuladas com a prática desta meditação para a nossa realização do amor afetuoso por todos os seres vivos e para a aquisição da iluminação para a sua felicidade.

Durante o intervalo entre as meditações, mantemos, durante todas as nossas atividades, o sentimento de amor afetuoso por todo ser vivo que encontrarmos ou pensarmos. A manutenção desse sentimento especial irá nos impedir de prejudicar os outros devido à raiva ou ao apego.

Desfrute da pureza de sua mente e de suas ações

10. EQUALIZAR EU COM OUTROS

Equalizar eu com outros é apreciar os outros tanto quanto apreciamos a nós mesmos. Até agora, temos apreciado somente a nós mesmos. O propósito desta meditação é o de repartir nosso sentimento de apreço, de modo que venhamos a apreciar igualmente nós mesmos e todos os seres vivos.

MEDITAÇÃO

Como prática preparatória, recitamos *Preces para Meditação*, enquanto nos concentramos no significado. Depois, empenhamo-nos na seguinte contemplação:

Apreciarei a mim e aos outros igualmente – acreditando que a minha felicidade e liberdade e a de todos os seres vivos são igualmente importantes – porque:

(1) *Todos os seres vivos têm me demonstrado grande bondade, tanto nesta vida como nas vidas passadas.*
(2) *Assim como eu desejo estar livre do sofrimento e experienciar somente felicidade, todos os outros seres também desejam isso para si próprios. A esse respeito, não sou diferente de qualquer outro ser vivo; somos todos iguais.*
(3) *Eu sou apenas um, ao passo que os outros são incontáveis; logo, como posso estar preocupado apenas comigo enquanto descuido dos outros ou os negligencio? Minha felicidade e sofrimento são insignificantes quando comparados com a felicidade e o sofrimento dos incontáveis seres vivos.*

Tendo contemplado repetidamente estes pontos, geramos um sentimento de apreciar todos os seres vivos igualmente. Este sentimento é o objeto da nossa meditação. Mantemos, então, esse sentimento sem esquecê-lo; a nossa mente deve permanecer estritamente focada nesse sentimento pelo maior tempo possível. Se perdermos o objeto da nossa meditação, devemos renová-lo por meio de recordar imediatamente nosso sentimento de apreciar todos os seres vivos igualmente ou por repetir a contemplação.

Ao final da sessão de meditação, dedicamos as virtudes acumuladas com a prática desta meditação para a nossa realização de equalizar eu com outros e para a aquisição da iluminação para a felicidade de todos os seres vivos.

Durante o intervalo entre as meditações, sempre que encontrarmos qualquer ser vivo ou pensarmos em alguém, tentaremos apreciá-lo sinceramente, considerando sempre sua felicidade e liberdade como muito importantes. Se treinarmos dessa maneira, muitos dos problemas que experienciamos na vida diária desaparecerão, porque a maioria dos nossos problemas surge de nos considerarmos mais importantes que os outros.

11. AS DESVANTAGENS DO AUTOAPREÇO

O que é, exatamente, o autoapreço? Autoapreço é a nossa mente que pensa "eu sou importante" enquanto descuida ou negligencia os outros. Quando pensamos "*eu*" e "*meu*", percebemos um *eu* inerentemente existente e, então, apreciamos esse *eu* e acreditamos que sua felicidade e liberdade são mais importantes que tudo. Isso é autoapreço. Cuidar de nós mesmos não é autoapreço. Precisamos cuidar de nós para sustentar esta vida humana, de modo que possamos aplicar esforço continuamente para realizar seu verdadeiro significado.

Autoapreço e agarramento ao em-si são aspectos diferentes de uma única mente. O agarramento ao em-si agarra-se a um "*eu*" inerentemente existente, e o autoapreço acredita que esse "*eu*" é precioso e que sua felicidade e liberdade são supremamente importantes. O autoapreço é a nossa visão normal que acredita "eu sou importante" e "a minha felicidade e liberdade são importantes" e que descuida ou negligencia a felicidade e a liberdade dos outros. Ele é parte da nossa ignorância porque, na realidade, não existe um *eu* inerentemente existente. A nossa mente de autoapreço, contudo, aprecia esse *eu* e acredita que ele é mais importante do que tudo. O autoapreço é uma mente tola e enganosa que sempre interfere com a nossa paz interior, e é também um grande obstáculo para a nossa realização do verdadeiro sentido da nossa vida humana. Temos estado com essa mente de autoapreço vida após vida, desde tempos sem início, até mesmo enquanto dormimos e sonhamos.

No *Guia do Estilo de Vida do Bodhisattva*, Shantideva diz:

> (...) todo o sofrimento que existe neste mundo
> Surge de desejar que nós mesmos sejamos felizes.

Sofrimentos não nos são dados como punições. Todos eles vêm da nossa mente de autoapreço, que deseja que nós mesmos sejamos felizes enquanto descuida ou negligencia a felicidade dos outros. Existem dois modos de entender isso. Primeiro, a mente de autoapreço é a criadora de todo o nosso sofrimento e problemas; e segundo, o autoapreço é a base para experienciarmos todo o nosso sofrimento e problemas.

Sofremos porque, em nossas vidas passadas, executamos ações motivadas por intenções egoístas (o nosso autoapreço), que fizeram os outros experienciar sofrimento. Como resultado dessas ações, experienciamos agora o nosso sofrimento e problemas atuais. Portanto, o verdadeiro criador de todo o nosso sofrimento e problemas é a nossa mente de autoapreço.

Nossa experiência atual de sofrimentos e problemas específicos tem uma conexão especial com ações específicas que fizemos em nossas vidas passadas. Isso é muito sutil. Não conseguimos enxergar essa conexão oculta com os nossos olhos, mas podemos entendê-la usando a nossa sabedoria e, em particular, confiando nos ensinamentos de Buda sobre o carma. Em geral, todos sabem que, se executarem más ações, experienciarão maus resultados, e se executarem boas ações, experienciarão bons resultados.

A mente de autoapreço é também a base para experienciarmos todos os nossos sofrimentos e problemas. Por exemplo, quando são incapazes de satisfazer seus desejos, muitas pessoas experienciam depressão, desencorajamento, infelicidade e dor mental, e algumas até desejam se matar. O motivo disso é que o seu autoapreço acredita que os seus próprios desejos são muito importantes. É por esta razão que o seu autoapreço é o principal responsável por seus problemas. Sem o autoapreço, não haveria base para experienciar um sofrimento como esse.

Quando estamos seriamente doentes, achamos difícil suportar o nosso sofrimento, mas a doença somente nos prejudica porque apreciamos a nós mesmos. Se outra pessoa estiver experienciando uma doença semelhante, não consideraríamos a doença dela um problema. Por quê? O motivo é que não a apreciamos. No entanto, se apreciássemos os outros tanto quanto apreciamos a nós mesmos, acharíamos difícil suportar seu sofrimento. Isso é compaixão.

Como diz Shantideva:

> O sofrimento que experiencio
> Não prejudica os outros,
> Mas acho difícil suportá-lo
> Porque aprecio a mim mesmo.
>
> Do mesmo modo, o sofrimento dos outros
> Não me prejudica,
> Mas, se eu apreciar os outros,
> Acharei o seu sofrimento difícil de suportar.

Vida após vida, desde tempos sem início, temos tentado satisfazer os desejos da nossa mente de autoapreço, acreditando em sua visão como sendo verdadeira. Temos colocado grande esforço em buscar felicidade em fontes exteriores, mas, até agora, não temos nada para mostrar. Porque o autoapreço tem nos enganado, desperdiçamos incontáveis vidas passadas. Ele nos tem levado a trabalhar para o nosso próprio propósito, mas não obtivemos coisa alguma. Essa mente tola tornou todas as nossas vidas anteriores vazias – quando tivemos este renascimento humano, não trouxemos nada conosco, exceto as delusões. Em todos os momentos, todos os dias, essa mente de autoapreço continua a nos enganar.

MEDITAÇÃO

Como prática preparatória, recitamos *Preces para Meditação*, enquanto nos concentramos no significado. Depois, relembrando as muitas falhas e desvantagens do autoapreço, mencionadas acima, pensamos:

> *Nada me causa maior dano que o demônio do meu autoapreço. Ele é a fonte de toda a minha negatividade, desgraça, problemas e sofrimento.*

Tendo contemplado repetidamente este ponto, geramos a forte determinação: "Preciso abandonar meu autoapreço". Essa determinação é o objeto da nossa meditação. Mantemos, então, essa determinação sem esquecê-la; a nossa mente deve permanecer estritamente focada nessa determinação pelo maior tempo possível. Se perdermos o objeto da nossa meditação, devemos renová-lo por meio de recordar imediatamente nossa determinação ou por repetir a contemplação.

Ao final da sessão de meditação, dedicamos as virtudes acumuladas com a prática desta meditação para a nossa realização sobre as desvantagens do autoapreço e para a aquisição da iluminação para a felicidade de todos os seres vivos.

Durante o intervalo entre as meditações, devemos estar sempre conscientes das falhas do autoapreço e, por relembrar repetidamente a determinação que geramos durante a meditação, tentar abandoná-lo gradualmente. Sempre que experienciarmos dificuldades ou sofrimento, devemos não culpar as outras pessoas ou a situação exterior – em vez disso, devemos recordar que todos os nossos problemas surgem, em última instância, do autoapreço. Portanto, quando as coisas dão errado, devemos acusar apenas a nossa mente de autoapreço. Por praticar dessa maneira, nosso autoapreço, a raiz de todas as falhas, diminuirá gradualmente e, por fim, cessará por completo.

12. AS VANTAGENS DE APRECIAR OS OUTROS

Quando consideramos profundamente que os outros são importantes e que a felicidade e liberdade deles são importantes, estamos apreciando os outros. Se apreciarmos os outros desse modo, sempre teremos bons relacionamentos e viveremos em harmonia com eles, e a nossa vida diária será pacífica e feliz. Podemos começar esta prática com a nossa família, amigos e com aqueles ao nosso redor, e então, gradualmente, desenvolver e manter amor apreciativo por todos os seres vivos, sem exceção.

No *Guia do Estilo de Vida do Bodhisattva*, Shantideva diz:

> Toda a felicidade que existe neste mundo
> Surge de desejar que os outros sejam felizes, (...).

Se pensarmos cuidadosamente sobre isso, realizaremos que toda a nossa felicidade, presente e futura, depende do nosso apreço pelos outros – depende de querermos que os outros sejam felizes. Em nossas vidas passadas, porque apreciamos os outros, praticamos ações virtuosas – como nos abster de matar ou de prejudicar os outros – e abandonamos as ações de roubá-los e enganá-los. Prestamos assistência material e proteção a eles e praticamos paciência. Como resultado dessas ações virtuosas, obtivemos agora esta preciosa vida humana, com a oportunidade para experienciarmos prazeres humanos.

O efeito imediato de apreciar os outros será que muitos dos nossos problemas diários (como aqueles que surgem da raiva, inveja e comportamento egoísta) desaparecerão, e a nossa mente tornar-se-á calma e pacífica. Na medida em que agirmos com mais consideração, agradaremos os outros e não nos envolveremos em brigas ou disputas. Se apreciarmos os outros, ficaremos mais interessados em ajudá-los do que em prejudicá-los e, portanto, evitaremos naturalmente ações não-virtuosas. Em vez disso, praticaremos ações virtuosas (como compaixão, amor, paciência e dar ajuda material e proteção), criando, deste modo, a causa para alcançar felicidade pura e duradoura no futuro.

Particularmente, se apreciarmos todos os seres vivos do mesmo modo que apreciamos a nós mesmos, acharemos difícil suportar o seu sofrimento. Esse nosso sentimento, de que é difícil suportar o sofrimento de todos os outros seres vivos, é compaixão universal, e esse sentimento rapidamente nos conduzirá à felicidade pura e duradoura da iluminação. Assim como todos os Budas anteriores, nasceremos desta mãe, a compaixão universal, como um Buda iluminado. Essa é a razão pela qual o nosso apreço por todos os seres vivos possibilitará que alcancemos a iluminação muito rapidamente.

MEDITAÇÃO

Como prática preparatória, recitamos *Preces para Meditação*, enquanto nos concentramos no significado. Depois, empenhamo-nos na seguinte contemplação:

> *A preciosa mente que aprecia todos os seres vivos protege a mim e aos outros do sofrimento, traz felicidade pura e duradoura e satisfaz os desejos, tanto os meus quanto os dos outros.*

Tendo contemplado repetidamente este ponto, geramos a forte determinação: "Preciso apreciar sempre todos os seres vivos, sem exceção". Essa determinação é o objeto da nossa meditação. Mantemos, então, essa determinação sem esquecê-la; a nossa mente deve permanecer estritamente focada nessa determinação pelo maior tempo possível. Se perdermos o objeto da nossa meditação, devemos renová-lo por meio de recordar imediatamente nossa determinação ou por repetir a contemplação.

Ao final da sessão de meditação, dedicamos as virtudes acumuladas com a prática desta meditação para a nossa realização de apreciar os outros e para a aquisição da iluminação para a felicidade de todos os seres vivos.

Durante o intervalo entre as meditações, não devemos nunca esquecer nossa determinação de apreciar todos os seres vivos e de sempre colocá-la em prática. Isso significa que devemos apreciar verdadeiramente todos e cada um dos seres vivos, incluindo os animais.

Ouça o precioso som da concha do Dharma,
e contemple e medite no seu significado

13. TROCAR EU POR OUTROS

O propósito desta meditação é trocar eu por outros, o que significa mudar o objeto do nosso apreço, de modo que paremos de apreciar a nós mesmos e passamos a apreciar apenas os outros.

MEDITAÇÃO

Como prática preparatória, recitamos *Preces para Meditação*, enquanto nos concentramos no significado. Depois, empenhamo-nos na seguinte contemplação:

> *Vida após vida, desde tempos sem início, eu tenho sido um escravo da minha mente de autoapreço. Tenho, implicitamente, confiado nela e obedecido a todos os seus comandos, acreditando que a melhor maneira de solucionar os meus problemas e de encontrar felicidade é colocando-me à frente de qualquer outra pessoa ou ser. Tenho trabalhado longa e arduamente para o meu próprio benefício, mas o que tenho para mostrar? Solucionei todos os meus problemas e encontrei a felicidade duradoura que desejo? Não. É evidente que perseguir meus próprios interesses egoístas é algo que tem me enganado. Depois de ter feito a vontade do meu autoapreço durante tantas vidas, agora é a hora de compreender e de realizar que isso simplesmente não funciona. Agora é a hora de trocar o objeto do meu apreço – eu mesmo – e passar a apreciar todos os seres vivos.*

Tendo contemplado repetidamente estes pontos, geramos a forte determinação: "Preciso parar de apreciar a mim mesmo e, em vez disso, apreciar todos os seres vivos, sem exceção". Essa determinação é o objeto da nossa meditação. Mantemos, então, essa determinação sem esquecê-la; a nossa mente deve permanecer estritamente focada nessa determinação pelo maior tempo possível. Se perdermos o objeto da nossa meditação, devemos renová-lo por meio de recordar imediatamente nossa determinação ou por repetir a contemplação.

Ao final da sessão de meditação, dedicamos as virtudes acumuladas com a prática desta meditação para a nossa realização de trocar eu por outros e para a aquisição da iluminação para a felicidade de todos os seres vivos.

Durante o intervalo entre as meditações, mantemos a determinação gerada durante a meditação e a colocamos em prática. Devemos tentar não seguir nossa atitude habitual de autoapreço; em vez disso, devemos tentar apreciar os outros sinceramente. Quando estivermos familiarizados com trocar eu por outros, seremos capazes de aceitar alegremente qualquer dor ou dificuldade, tais como doenças, perdas ou críticas, e de oferecer todo o nosso sucesso e boas condições aos outros.

14. GRANDE COMPAIXÃO

Grande compaixão é uma mente que sinceramente deseja libertar, de modo permanente, todos os seres vivos do sofrimento. Se, com base no apreço por todos os seres vivos, contemplarmos o fato de que eles estão experienciando o ciclo de sofrimento físico e dor mental vida após vida, sem fim, sua inabilidade para se libertarem do sofrimento, sua falta de liberdade, e o modo como criam as causas de sofrimento futuro ao se envolverem em ações negativas, desenvolveremos profunda compaixão por eles. Precisamos desenvolver empatia por eles e sentir suas dores tão vividamente como sentimos nossas próprias dores.

Ninguém quer sofrer, mas, devido à ignorância, os seres vivos criam sofrimento ao executarem ações não-virtuosas. Portanto, devemos sentir compaixão por todos os seres vivos igualmente, sem exceção; não existe um único ser vivo que não seja um objeto adequado de nossa compaixão.

Todos os seres vivos sofrem porque tiveram renascimentos contaminados. Os seres humanos não têm escolha a não ser experienciar imensos sofrimentos humanos porque tiveram um renascimento humano, que é contaminado pelo veneno interior das delusões, ou aflições mentais. De modo semelhante, os animais têm de experienciar sofrimento animal, e fantasmas famintos e seres-do-inferno têm de experienciar todos os sofrimentos dos seus respectivos reinos. Se os seres vivos tivessem de experienciar todo esse sofrimento por apenas uma única vida, isso não seria tão mau, mas o ciclo de sofrimento continua vida após vida, interminavelmente.

Para desenvolver renúncia, contemplamos anteriormente como, em nossas incontáveis vidas futuras, teremos que experienciar os insuportáveis sofrimentos dos animais, fantasmas famintos, seres-do-inferno, humanos, semideuses e deuses. Agora, neste ponto, para desenvolver compaixão por todos os seres vivos – que são nossas mães – contemplamos como, em suas incontáveis vidas futuras, eles terão de experienciar os insuportáveis sofrimentos dos animais, fantasmas famintos, seres-do-inferno, humanos, semideuses e deuses.

MEDITAÇÃO

Como prática preparatória, recitamos *Preces para Meditação*, enquanto nos concentramos no significado. Imaginamos que nossos pais desta vida estão ao nosso lado, e que eles estão rodeados por todos os seres vivos dos seis reinos – todos eles sob o aspecto humano. Então, enquanto focamos todos esses seres vivos, empenhamo-nos na seguinte contemplação:

> *Eu não posso suportar o sofrimento desses incontáveis seres-mães. Afogando-se no vasto e profundo oceano do samsara, o ciclo de renascimento contaminado, eles têm de vivenciar insuportável sofrimento físico e dor mental nesta vida e nas incontáveis vidas futuras. Preciso libertar permanentemente todos esses seres vivos dos seus sofrimentos.*

Tendo contemplado repetidamente este ponto, geramos uma forte determinação para libertar permanentemente todos esses seres vivos dos seus sofrimentos. Essa determinação é o objeto da nossa meditação. Mantemos, então, essa mente de grande compaixão, ou compaixão universal, sem esquecê-la; a nossa mente deve permanecer estritamente focada em grande compaixão pelo maior tempo possível. Se perdermos o objeto da nossa meditação, devemos renová-lo por meio de recordar imediatamente nosso desejo de libertar todos os seres vivos do sofrimento ou por repetir a contemplação.

Ao final da sessão de meditação, dedicamos as virtudes acumuladas com a prática desta meditação para a nossa realização de grande compaixão e para a aquisição da iluminação para a felicidade de todos os seres vivos.

Durante o intervalo entre as meditações, devemos tentar manter um coração compassivo dia e noite. Sempre que virmos os outros sofrendo ou ouvirmos sobre seus sofrimentos, devemos tentar fortalecer nossa compaixão. Devemos também tentar ajudar de maneiras práticas sempre que possível. Por exemplo, podemos salvar animais cujas vidas estejam em perigo, confortar aqueles que estejam aflitos ou aliviar a dor daqueles que estão doentes.

Aplique grande esforço para alcançar a iluminação

15. TOMAR

O propósito desta meditação é purificar nossa mente do autoapreço e das nossas ações negativas, acumular grande mérito e, em particular, fortalecer nossas atividades compassivas. "Tomar", neste contexto, significa tomar os sofrimentos dos outros sobre nós mesmos – tanto física quanto mentalmente – motivados por grande compaixão. Durante a meditação, tomamos mentalmente o sofrimento dos outros sobre nós por meio de utilizar nossa imaginação. Tendo obtido profunda experiência dessa meditação, seremos então capazes de aceitar alegremente nosso próprio sofrimento, a fim de libertar todos os seres vivos dos seus sofrimentos. Dessa maneira, estaremos tomando fisicamente o sofrimento dos outros sobre nós mesmos.

MEDITAÇÃO

Como prática preparatória, recitamos *Preces para Meditação*, enquanto nos concentramos no significado. Depois, empenhamo-nos na seguinte prática:

> *Começamos gerando a intenção superior: "Eu mesmo vou libertar todos os seres vivos dos seus sofrimentos". Motivados por essa intenção superior, rezamos: "Que todos os sofrimentos, medos e obstáculos de cada ser vivo amadureçam sobre mim, e que, através disso, eles sejam libertados de todos os problemas". Acreditamos então fortemente que os sofrimentos, medos e obstáculos de todos os seres vivos se reúnem no aspecto de uma fumaça preta, que se dissolve em nosso coração, destruindo nossa mente de autoapreço e libertando todos os seres vivos dos seus sofrimentos".*

Essa crença é o objeto da nossa meditação. Mantemos, então, essa crença sem esquecê-la; a nossa mente deve permanecer estritamente focada nessa crença pelo maior tempo possível. Se perdermos o objeto da nossa meditação, devemos renová-lo por meio de recordar imediatamente nossa crença ou por repetir a prática.

Ao final da sessão de meditação, dedicamos as virtudes acumuladas com a prática desta meditação para a nossa realização da prática de tomar o sofrimento dos outros e para a aquisição da iluminação para a felicidade de todos os seres vivos.

Durante o intervalo entre as meditações, colocamos nossa intenção superior – o desejo de tomar o sofrimento dos outros sobre nós mesmos – em prática. Devemos aliviar o sofrimento dos outros sempre que pudermos, e aceitar alegremente nossos próprios sofrimentos como um método para libertar todos os seres vivos dos seus sofrimentos. Desse modo, nossa compaixão e nosso mérito irão aumentar, nosso autoapreço diminuirá gradualmente, e o poder das nossas atividades compassivas irá se fortalecer.

16. AMOR DESIDERATIVO

Se, tendo gerado amor afetuoso e amor apreciativo por todos os seres vivos, contemplarmos agora como os seres vivos carecem de verdadeira felicidade, desenvolveremos naturalmente amor desiderativo – o forte desejo de que todos os seres experienciem felicidade pura e duradoura. O propósito principal desta meditação é obter o poder efetivo para conceder felicidade pura a todos os seres vivos.

MEDITAÇÃO

Como prática preparatória, recitamos *Preces para Meditação*, enquanto nos concentramos no significado. Então, focando todos os seres vivos, empenhamo-nos na seguinte contemplação:

> *Os seres vivos desejam ser felizes o tempo todo, mas não sabem como satisfazer esse desejo. A felicidade que experienciam advinda dos prazeres mundanos não é felicidade pura – é apenas sofrimento-que-muda, uma redução temporária do sofrimento manifesto anterior. Nenhum desses incontáveis seres vivos experiencia felicidade pura e duradoura.*

Tendo contemplado repetidamente este ponto, geramos o forte desejo de que todos os seres vivos experienciem a felicidade pura e duradoura da iluminação. Esse desejo é o objeto da nossa meditação. Mantemos, então, esse desejo sem esquecê-lo; a nossa mente deve permanecer estritamente focada nesse desejo pelo maior tempo possível. Se perdermos o objeto da nossa meditação, devemos renová-lo por meio de recordar imediatamente nosso desejo de que todos os seres vivos experienciem felicidade ou por repetir a contemplação.

Ao final da sessão de meditação, dedicamos as virtudes acumuladas com a prática desta meditação para a nossa realização do amor desiderativo e para a aquisição da iluminação para a felicidade de todos os seres vivos.

Durante o intervalo entre as meditações, devemos sempre manter nosso amor desiderativo e, com essa intenção pura, fazer preces e dedicar nossas virtudes para que todos os seres vivos encontrem felicidade verdadeira e duradoura. Devemos nos empenhar continuamente para aprimorar nossa sabedoria e compaixão, de modo que possamos obter o poder efetivo para conceder felicidade pura a todos os seres vivos.

17. DAR

O propósito desta meditação é aprender como colocar nosso amor desiderativo em prática. Nesta meditação, damos felicidade pura a todos os seres vivos, por meio de usar nossa imaginação. Por colocar esta meditação em prática, obteremos a habilidade efetiva de conceder felicidade pura e duradoura a todos os seres vivos.

MEDITAÇÃO

Como prática preparatória, recitamos *Preces para Meditação*, enquanto nos concentramos no significado. Então, focando todos os seres vivos, empenhamo-nos na seguinte prática:

> *Primeiro, pensamos: "Todos esses seres vivos-mães estão procurando felicidade, vida após vida. Todos eles querem ser felizes, mas não existe felicidade verdadeira em nenhum lugar do samsara. Eu darei a eles, agora, a felicidade suprema da paz interior permanente".*
>
> *Imaginamos então que, pelo poder da intenção pura do nosso amor desiderativo e da nossa grande acumulação de mérito, nosso corpo transforma-se na natureza de uma joia-que-satisfaz-os-desejos, que tem o poder de satisfazer os desejos de todos e de cada um dos seres vivos. Infinitos raios de luz irradiam do nosso corpo e permeiam o universo inteiro, alcançando os corpos e mentes de todos os seres vivos e concedendo-lhes a felicidade suprema da paz interior permanente. Acreditamos fortemente que todos os seres vivos experienciam essa paz interior.*

Essa crença é o objeto da nossa meditação. Mantemos, então, essa crença sem esquecê-la; a nossa mente deve permanecer estritamente focada nessa crença pelo maior tempo possível. Se perdermos o objeto da nossa meditação, devemos renová-lo por meio de recordar imediatamente nossa crença ou por repetir a prática.

Ao final da sessão de meditação, dedicamos as virtudes acumuladas com a prática desta meditação para a nossa realização da prática de dar e para a aquisição da iluminação para a felicidade de todos os seres vivos.

Durante o intervalo entre as meditações, tentamos fazer as práticas de dar amor, dar Dharma, dar destemor e dar coisas materiais. Sempre que pudermos, devemos tentar ser úteis aos outros e estar disponíveis para eles. Devemos também fazer preces e dedicar nosso mérito para que todos os seres vivos obtenham felicidade pura. Desse modo, nosso amor desiderativo, assim como nosso mérito, aumentarão rapidamente.

18. BODHICHITTA

"Bodhichitta" significa literalmente "mente de iluminação" – "*bodhi*" é a palavra sânscrita para "iluminação", e "*chitta*", a palavra para "mente". A bodhichitta é definida como uma mente que, motivada por compaixão por todos os seres vivos, busca espontaneamente a iluminação. A bodhichitta nasce da grande compaixão, que, por sua vez, depende do amor apreciativo. O amor apreciativo pode ser comparado a um campo; a compaixão, com as sementes; a prática de tomar e dar, com as condições perfeitas que possibilitam que as sementes se desenvolvam; e a bodhichitta, com a colheita.

A bodhichitta é o supremo bom coração. Essa mente profundamente compassiva é a verdadeira essência do treino espiritual. Desenvolver o bom coração da bodhichitta nos permite aperfeiçoar todas as nossas virtudes, solucionar todos os nossos problemas, satisfazer todos os nossos desejos e desenvolver o poder de ajudar os outros das maneiras mais adequadas e benéficas. A bodhichitta é o melhor amigo que podemos ter e a qualidade mais elevada que podemos desenvolver.

MEDITAÇÃO

Como prática preparatória, recitamos *Preces para Meditação*, enquanto nos concentramos no significado. Depois, lembramos a intenção superior gerada nas meditações de tomar e dar e empenhamo-nos na seguinte contemplação:

> *Assumi a responsabilidade de libertar todos os seres vivos do sofrimento, mas como posso fazer isso sem que, primeiro, eu mesmo alcance a iluminação? Somente seres iluminados têm o poder para proteger todos os seres vivos e conceder-lhes felicidade pura e duradoura. Portanto, para satisfazer o meu*

desejo de libertar todos os seres vivos dos seus sofrimentos, eu preciso me tornar um Buda, um ser plenamente iluminado.

Tendo contemplado repetidamente estes pontos, geramos o forte desejo de alcançar a iluminação para libertar todos os seres vivos dos seus sofrimentos. Esse desejo é o objeto da nossa meditação. Mantemos, então, esse desejo sem esquecê-lo; a nossa mente deve permanecer estritamente focada nesse desejo pelo maior tempo possível. Se perdermos o objeto da nossa meditação, devemos renová-lo por meio de recordar imediatamente nosso desejo ou por repetir a contemplação.

Ao final da sessão de meditação, dedicamos as virtudes acumuladas com a prática desta meditação para a nossa realização da bodhichitta e para a aquisição da iluminação para a felicidade de todos os seres vivos.

Durante o intervalo entre as meditações, tentamos manter a preciosa mente de bodhichitta dia e noite. Em particular, devemos tentar assegurar que quaisquer ações que realizemos sejam motivadas por bodhichitta. Dessa maneira, todas as nossas ações irão se tornar poderosas causas de Budeidade.

Tendo obtido alguma experiência de bodhichitta, devemos desenvolvê-la plenamente por meio de praticar os três treinos superiores do Mahayana: treinar a perfeição de disciplina moral, por meio de manter os votos bodhisattva puramente; treinar a perfeição de estabilização mental, por meio de se empenhar em alcançar o tranquilo-permanecer; e treinar a perfeição de sabedoria, por meio de desenvolver visão superior. Uma explicação detalhada dos votos bodhisattva pode ser encontrada no livro *O Voto Bodhisattva*.

19. TRANQUILO-PERMANECER

A bodhichitta e a sabedoria que realiza diretamente a vacuidade são como as duas asas de um pássaro, que podem nos levar à nossa destinação: o solo da iluminação. Para realizar a vacuidade diretamente, precisamos alcançar o tranquilo-permanecer. Sem o tranquilo-permanecer, nossa mente é instável, como a chama de uma vela exposta ao vento, e, por essa razão, ficamos incapazes de realizar, clara e diretamente, objetos sutis, como a vacuidade. Não é apenas a realização direta da vacuidade que depende do tranquilo-permanecer; precisamos também do tranquilo-permanecer para alcançar realizações espontâneas de renúncia e bodhichitta, assim como de clarividência e poderes miraculosos puros.

Em geral, sempre que experienciamos concentração pura em qualquer um dos objetos das 21 meditações, nossa mente permanece num estado tranquilo, livre de distrações. Esta é a função da concentração pura. No entanto, o tranquilo-permanecer efetivo é uma concentração especial que é obtida pela conclusão do treino nos nove níveis de concentração, conhecidos como "as nove permanências mentais", e que está associado com um êxtase especial de maleabilidade física e mental. Para treinar o tranquilo-permanecer, precisamos, em primeiro lugar, escolher um objeto de meditação. Podemos usar qualquer um dos objetos das 21 meditações. Se escolhermos um objeto – como equanimidade, amor, compaixão ou bodhichitta – primeiro transformamos nossa mente no estado mental específico do objeto escolhido por meio de utilizar as contemplações adequadas, e então mantemos esse estado mental com concentração estritamente focada. Se escolhermos um objeto como a vacuidade, a impermanência ou a preciosidade desta vida humana, primeiro alcançamos uma imagem mental clara do objeto por meio das contemplações apropriadas e, então, concentramo-nos estritamente focados nessa imagem mental.

As instruções a seguir explicam como começar a treinar o tranquilo-permanecer usando a grande compaixão como objeto. Se escolhermos um objeto diferente, podemos modificar as instruções de acordo com o objeto escolhido.

MEDITAÇÃO

Como prática preparatória, recitamos *Preces para Meditação*, enquanto nos concentramos no significado. Depois, empenhamo-nos na seguinte prática:

> *Relembrando nosso amor afetuoso e amor apreciativo por todos os seres vivos, pensamos: "Eu não posso suportar esses incontáveis seres-mães afogando-se no vasto e profundo oceano do samsara, o ciclo de renascimento contaminado, tendo de experienciar insuportável sofrimento físico e dor mental nesta vida e nas incontáveis vidas futuras. Preciso libertar permanentemente todos esses seres vivos dos seus sofrimentos."*

Quando, como resultado dessa contemplação, um forte sentimento de compaixão por todos os seres vivos surgir em nossa mente, teremos encontrado o objeto da nossa meditação do tranquilo-permanecer. Tendo transformado nossa mente em compaixão, paramos então de contemplar e, com forte concentração, mantemos essa mente de compaixão por todos os seres vivos.

Essa concentração é a primeira das nove permanências mentais. Quando o objeto enfraquecer ou desaparecer, ou quando nossa mente se dirigir para outro objeto, retornamos à contemplação para trazer o objeto de volta à mente. Então, uma vez mais, interrompemos nossa contemplação e mantemos o objeto com concentração estritamente focada. Continuamos dessa maneira, alternando entre contemplação e meditação, pelo restante da sessão.

Prosseguimos aprimorando nossa concentração dessa maneira até sermos capazes de permanecer concentrados no nosso objeto por cinco minutos. Neste ponto, teremos avançado para a segunda permanência mental. Por aprimorarmos continuamente nossa concentração, alcançaremos o tranquilo-permanecer.

Ao final da sessão de meditação, dedicamos as virtudes acumuladas com a prática desta meditação para a nossa realização do tranquilo-permanecer e para a aquisição da iluminação para a felicidade de todos os seres vivos.

Durante o intervalo entre as meditações, nossa prática principal é observar cuidadosamente disciplina moral pura, por meio de nos apoiarmos em contínua-lembrança (*mindfulness*) e conscienciosidade. Desse modo, evitamos pensamentos distrativos que obstruem nosso treino no tranquilo-permanecer. Para aumentar nosso entusiasmo pela prática, devemos pensar, muitas e muitas vezes, sobre os benefícios de alcançar o tranquilo-permanecer, e, para aprimorar nossa compreensão, devemos ler instruções autênticas sobre o tranquilo-permanecer, tais como as que podem ser encontradas nos livros *Caminho Alegre da Boa Fortuna* e *Contemplações Significativas*.

Quando tivermos alcançado a quarta permanência mental, estaremos prontos para fazer um retiro estrito no tranquilo-permanecer. Em alguns casos, nessa etapa, é possível alcançar o tranquilo-permanecer efetivo em seis meses. Para que o nosso retiro no tranquilo-permanecer seja bem-sucedido, precisamos encontrar um local adequado que seja muito quieto e que tenha todas as condições necessárias. Precisamos ter poucos desejos e ser capazes de permanecermos contentes o tempo todo. Durante o retiro, devemos nos abster de atividades mundanas e manter disciplina moral puramente, por meio da qual reduzimos concepções distrativas. Em resumo, precisamos nos libertar de todos os obstáculos que impedem o desenvolvimento de concentração e obter todas as condições, internas e externas, conducentes ao seu desenvolvimento.

Seja vitorioso sobre o inimigo: as suas delusões

20. VISÃO SUPERIOR

Neste contexto, "visão superior" refere-se à sabedoria profunda que vê a maneira como as coisas realmente são e que é alcançada através do tranquilo-permanecer. Com essa sabedoria, somos capazes de abandonar nossa ignorância do agarramento ao em-si – a raiz de todo o nosso sofrimento – e todas as nossas aparências equivocadas, de modo que possamos desfrutar a suprema paz interior da iluminação. O objeto dessa sabedoria é a vacuidade. Portanto, nesta sessão enfatizamos a meditação na vacuidade.

Vacuidade é o modo como as coisas realmente são. É o modo como as coisas existem, que é oposto ao modo como elas aparecem. Acreditamos, naturalmente, que as coisas que vemos ao nosso redor – como mesas, cadeiras e casas – são verdadeiramente existentes porque acreditamos que elas existem exatamente do modo como aparecem. No entanto, o modo como as coisas aparecem aos nossos sentidos é enganoso e completamente contraditório ao modo como elas realmente existem. As coisas aparecem como existindo do seu próprio lado, sem dependerem da nossa mente. Este livro que aparece à nossa mente, por exemplo, parece ter sua própria existência objetiva, independente. Ele parece estar "fora", ao passo que nossa mente parece estar "dentro". Sentimos que o livro pode existir sem a nossa mente; não sentimos que nossa mente esteja, de alguma maneira, envolvida em trazer o livro à existência. Esse modo de existência, independente da nossa mente, recebe várias denominações: "existência verdadeira", "existência inerente", "existência do seu próprio lado" e "existência do lado do objeto".

Embora as coisas apareçam diretamente aos nossos sentidos como sendo verdadeiramente existentes, ou inerentemente existentes, na verdade todos os fenômenos carecem, ou são vazios, de existência verdadeira. Este livro, nosso corpo, nossos amigos, nós próprios e o universo inteiro são, na verdade, apenas aparências à mente, como coisas vistas em um sonho. Se sonharmos com um elefante, o elefante aparecerá vividamente com todos os seus detalhes – poderemos vê-lo, ouvi-lo, cheirá-lo e tocá-lo; mas, quando acordarmos, realizaremos que ele era apenas uma aparência à mente. Não iremos perguntar "Onde está o elefante, agora?" porque entenderemos que ele era simplesmente uma projeção da nossa mente e não tinha existência fora de nossa mente. Quando a percepção onírica que apreendia o elefante cessou, o elefante não foi para lugar algum – ele simplesmente desapareceu, pois era apenas uma aparência à mente e não existia separado da mente. Buda disse que isso também é verdadeiro para todos os fenômenos; eles são meras aparências à mente, em total dependência das mentes que os percebem.

O mundo que experienciamos quando estamos acordados e o mundo que experienciamos quando estamos sonhando são, ambos, meras aparências à mente, e que surgem das nossas concepções equivocadas. Se quisermos afirmar que o mundo do sonho é falso, teremos também que dizer que o mundo da vigília é falso; e se quisermos afirmar que o mundo da vigília é verdadeiro, também teremos que dizer que o mundo onírico é verdadeiro. A única diferença entre eles é que o mundo onírico é uma aparência à nossa mente sutil do sonho, ao passo que o mundo da vigília é uma aparência à nossa mente densa da vigília. O mundo onírico existe apenas enquanto existir a percepção onírica para a qual ele aparece; e o mundo da vigília existe apenas enquanto existir a percepção da vigília para a qual ele aparece. Buda disse: "Deves saber que todos os fenômenos são como sonhos". Quando morremos, nossas mentes densas da vigília se dissolvem em nossa mente muito sutil, e o mundo que experienciávamos, quando estávamos vivos, simplesmente desaparece. O mundo tal como os outros o percebem continuará, mas o nosso mundo pessoal desaparecerá tão completa e irrevogavelmente como o mundo do sonho da noite passada desapareceu.

Buda também declarou que todos os fenômenos são como ilusões. Há muitos tipos diferentes de ilusão, como miragens, arco-íris e alucinações provocadas por drogas. Em tempos antigos, era costume haver mágicos que podiam lançar um encantamento sobre uma plateia, fazendo com que as pessoas vissem um objeto qualquer – um pedaço de madeira, por exemplo – como se fosse um tigre ou qualquer outra coisa. Os que estavam iludidos pelo encantamento viam o que aparecia como um tigre de verdade e desenvolviam medo, mas as pessoas que chegassem após o encantamento ter sido lançado viam, simplesmente, um pedaço de madeira. O que todas as ilusões têm em comum é que o modo como elas aparecem não coincide com o modo como elas existem. Buda comparou todos os fenômenos a ilusões porque, devido à força das marcas da ignorância do agarramento ao em-si acumuladas desde tempos sem início, o que quer que apareça à nossa mente aparece, naturalmente, como verdadeiramente existente e, instintivamente, concordamos com essa aparência; mas, na verdade, tudo é totalmente vazio de existência verdadeira. Assim como uma miragem que aparece como sendo água, quando, de fato, não é água, as coisas aparecem de um modo enganoso. Por não compreendermos sua real natureza, somos enganados pelas aparências e nos aferramos a livros e mesas, corpos e mundos como verdadeiramente existentes. O resultado de nos aferrarmos aos fenômenos desse modo é que desenvolvemos autoapreço, apego, ódio, inveja e demais delusões, nossa mente torna-se agitada e desequilibrada e a nossa paz mental é destruída. Somos como viajantes em um deserto, que se esgotam correndo atrás de miragens, ou como alguém andando à noite por uma rua ou estrada, confundindo as sombras das árvores com criminosos ou animais selvagens à espreita para atacar.

Para compreender como os fenômenos são vazios de existência verdadeira, ou existência inerente, devemos considerar nosso próprio corpo. Uma vez que tenhamos compreendido como o nosso corpo carece de existência verdadeira, facilmente poderemos aplicar o mesmo raciocínio para outros objetos.

Em certo nível, conhecemos muito bem o nosso corpo – sabemos se ele está saudável ou doente, se é bonito ou feio, e assim por diante. No entanto, nunca o examinamos mais profundamente, questionando-nos: "O que é o meu corpo, precisamente? Onde está o meu corpo? Qual é a sua verdadeira natureza?". Se examinássemos nosso corpo desse modo, não seríamos capazes de encontrá-lo – em vez de encontrar o nosso corpo, o resultado desse exame seria o desaparecimento do nosso corpo. Isto mostra claramente que o nosso corpo é vazio de existência verdadeira, ou existência inerente, e isso também é verdadeiro para o nosso *eu*, para o nosso mundo e para todos os demais fenômenos.

MEDITAÇÃO

Como prática preparatória, recitamos *Preces para Meditação*, enquanto nos concentramos no significado. Depois, relembramos o significado da explicação acima e pensamos:

> *Meu corpo é vazio de existência verdadeira, ou existência inerente, porque quando eu procuro por ele, ele desaparece, como uma miragem.*

Quando, tendo contemplado repetidamente este ponto, virmos claramente que nosso corpo é vazio de existência verdadeira, teremos encontrado o objeto da nossa meditação: a vacuidade do nosso corpo. Mantemos, então, essa vacuidade sem esquecê-la; a nossa mente deve permanecer estritamente focada na vacuidade de um corpo verdadeiramente existente pelo maior tempo possível. Se perdermos o objeto da nossa meditação, devemos renová-lo por meio de recordar imediatamente a vacuidade do nosso corpo ou por repetir a contemplação.

Ao final da sessão de meditação, dedicamos as virtudes acumuladas com a prática desta meditação para a nossa realização da visão superior e para a aquisição da iluminação para a felicidade de todos os seres vivos.

Tendo obtido alguma experiência da meditação na vacuidade do nosso corpo, podemos então aplicar a contemplação e meditação acima para o nosso *eu*, para o nosso mundo e para todos os demais fenômenos. Desse modo, meditamos na vacuidade de todos os fenômenos, e desenvolveremos um sentimento especial de que todas as nossas aparências diárias comuns estão se dissolvendo num oceano de vacuidade. Por meio disso, nosso agarramento ao em-si e demais delusões diminuirão gradualmente, e nossa paz interior aumentará continuamente.

Durante o intervalo entre as meditações, tentamos reconhecer que qualquer aparência à nossa mente carece de existência verdadeira, ou inerente. Em um sonho, coisas aparecem vividamente ao sonhador, mas quando o sonhador acorda, ele imediatamente realiza que os objetos que apareciam no sonho eram apenas aparências mentais, que não existiam do seu próprio lado. Devemos ver todos os fenômenos de maneira semelhante. Embora apareçam vividamente à nossa mente, eles carecem de existência inerente.

Uma explicação detalhada da vacuidade pode ser encontrada nos livros *Budismo Moderno* e *Como Transformar a sua Vida*, e uma explicação tradicional sobre como contemplar e meditar na vacuidade do *eu* e na vacuidade do corpo é dada no Apêndice VI.

Beneficie os outros, girando a Roda do Dharma

21. CONFIAR EM UM GUIA ESPIRITUAL

O propósito desta meditação é nos capacitar a receber as poderosas bênçãos de todos os seres iluminados através do nosso Guia Espiritual, de modo que nossa prática de meditação seja bem-sucedida. Pessoas doentes confiam em médicos, que as libertam temporariamente de doenças específicas; portanto, não há dúvida de que precisamos confiar em um Guia Espiritual qualificado, que nos conduzirá à libertação permanente dos sofrimentos das doenças interiores e exteriores.

Por confiarmos com forte fé em um Guia Espiritual qualificado, podemos remover toda a nossa confusão sobre o Dharma, aumentar nossa sabedoria do Dharma e receber as poderosas bênçãos de todos os seres iluminados. Buda disse que confiar em um Guia Espiritual qualificado é a raiz do caminho espiritual, e que através de confiar em nosso Guia Espiritual, receberemos os seguintes benefícios:

1. Ele (ou ela) nos conduzirá ao longo do caminho espiritual, o único caminho para solucionar todos os nossos problemas e tornar a nossa vida significativa.
2. Suas bênçãos irão nos aproximar gradualmente da aquisição da plena iluminação.
3. Todos os Budas ficarão deleitados conosco.
4. Estaremos protegidos contra danos causados por seres humanos ou por não-humanos.
5. Acharemos fácil abandonar nossas delusões e ações não-virtuosas.
6. Nossa experiência prática do caminho espiritual aumentará.
7. Nunca renasceremos nos reinos inferiores.
8. Em todas as nossas vidas futuras, encontraremos Guias Espirituais qualificados.

9. Todos os nossos desejos virtuosos por condições benéficas no samsara, assim como para a libertação e a iluminação, serão satisfeitos.

MEDITAÇÃO

Como prática preparatória, recitamos *Preces para Meditação*, enquanto nos concentramos no significado. Depois, empenhamo-nos na meditação propriamente dita:

Tendo repetidamente contemplado todos os benefícios de confiar em um Guia Espiritual, mencionados acima, geramos a forte determinação: "Preciso confiar sinceramente em um Guia Espiritual".

Essa determinação é o objeto da nossa meditação. Mantemos, então, essa determinação sem esquecê-la; a nossa mente deve permanecer estritamente focada nessa determinação pelo maior tempo possível. Se perdermos o objeto da nossa meditação, devemos renová-lo por meio de recordar imediatamente nossa determinação ou por repetir a contemplação.

Ao final da sessão de meditação, dedicamos as virtudes acumuladas com a prática desta meditação para a nossa realização de confiar em um Guia Espiritual e para a aquisição da iluminação para a felicidade de todos os seres vivos.

Durante o intervalo entre as meditações, colocamos nossa determinação em prática. Uma explicação detalhada das qualificações de um Guia Espiritual e de como tornar-se um estudante qualificado pode ser encontrada nos livros *Caminho Alegre da Boa Fortuna* e *Grande Tesouro de Mérito*.

Esta meditação pode ser tanto a primeira quanto a última das 21 meditações. Neste livro, eu escolhi colocá-la como a última.

Conclusão

Tendo desenvolvido o supremo bom coração da bodhichitta, devemos nos empenhar nas práticas de dar, disciplina moral, paciência, esforço, concentração e sabedoria. Quando motivadas pela bodhichitta, essas práticas são denominadas "as seis perfeições". Por treinar nas seis perfeições e, especialmente, nas perfeições de concentração e de sabedoria, cumpriremos os desejos da nossa bodhichitta.

Este livro, *Novo Manual de Meditação*, são os ensinamentos do Venerável Geshe Kelsang Gyatso Rinpoche. Estes ensinamentos foram gravados e transcritos e, então, editados principalmente por ele e por alguns dos seus estudantes seniores.

Apêndice I

Prece Libertadora

LOUVOR A BUDA SHAKYAMUNI

&

Preces para Meditação

PRECES PREPARATÓRIAS CURTAS PARA MEDITAÇÃO

Prece Libertadora

LOUVOR A BUDA SHAKYAMUNI

Ó Abençoado, Shakyamuni Buda,
Precioso tesouro de compaixão,
Concessor de suprema paz interior,

Tu, que amas todos os seres sem exceção,
És a fonte de bondade e felicidade,
E nos guias ao caminho libertador.

Teu corpo é uma joia-que-satisfaz-os-desejos,
Tua fala é um néctar purificador e supremo
E tua mente, refúgio para todos os seres vivos.

Com as mãos postas, me volto para ti,
Amigo supremo e imutável,
E peço do fundo do meu coração:

Por favor, concede-me a luz de tua sabedoria
Para dissipar a escuridão da minha mente
E curar o meu *continuum* mental.

Por favor, me nutre com tua bondade,
Para que eu possa, por minha vez, nutrir todos os seres
Com um incessante banquete de deleite.

Por meio de tua compassiva intenção,
De tuas bênçãos e feitos virtuosos
E por meu forte desejo de confiar em ti,

Que todo o sofrimento rapidamente cesse,
Que toda a felicidade e alegria aconteçam
E que o sagrado Dharma floresça para sempre.

Cólofon: Esta prece foi escrita por Venerável Geshe Kelsang Gyatso Rinpoche e é recitada regularmente no início de ensinamentos, meditações e preces nos Centros Budistas Kadampa em todo o mundo.

Preces para Meditação

PRECES PREPARATÓRIAS CURTAS PARA MEDITAÇÃO

Buscar refúgio

Eu e todos os seres sencientes, até alcançarmos a iluminação,
Nos refugiamos em Buda, Dharma e Sangha.
(3x, 7x, 100x etc.)

Gerar bodhichitta

Pelas virtudes que coleto, praticando o dar e as outras perfeições,
Que eu me torne um Buda para o benefício de todos. (3x)

Gerar os quatro incomensuráveis

Que cada um seja feliz,
Que cada um se liberte da dor,
Que ninguém jamais seja separado de sua felicidade,
Que todos tenham equanimidade, livres do ódio e do apego.

Visualizar o Campo de Acumular Mérito

No espaço a minha frente está Buda Shakyamuni vivo, rodeado por todos os Budas e Bodhisattvas, como a lua cheia rodeada pelas estrelas.

Prece dos sete membros

Com meu corpo, fala e mente, humildemente me prostro
E faço oferendas, efetivas e imaginadas.
Confesso meus erros em todos os tempos
E regozijo-me nas virtudes de todos.
Peço, permanece até o cessar do samsara
E gira a Roda do Dharma para nós.
Dedico todas as virtudes à grande iluminação.

Oferecimento do mandala

O chão espargido com perfume e salpicado de flores,
A Grande Montanha, quatro continentes, sol e lua,
Percebidos como Terra de Buda e assim oferecidos.
Que todos os seres desfrutem dessas Terras Puras.

Ofereço, sem nenhum sentimento de perda,
Os objetos que fazem surgir meu apego, ódio e confusão,
Meus amigos, inimigos e estranhos, nossos corpos e prazeres.
Peço, aceita-os e abençoa-me, livrando-me diretamente
dos três venenos.

IDAM GURU RATNA MANDALAKAM NIRYATAYAMI

Prece das etapas do caminho

O caminho começa com firme confiança
No meu bondoso mestre, fonte de todo bem;
Ó, abençoa-me com essa compreensão
Para segui-lo com grande devoção.

Esta vida humana, com todas as suas liberdades,
Extremamente rara, com tanta significação;
Ó, abençoa-me com essa compreensão,
Dia e noite, para captar a sua essência.

Meu corpo, qual bolha-d'água,
Decai e morre tão rapidamente;
Após a morte, vêm os resultados do carma,
Qual sombra de um corpo.

Com esse firme conhecimento e lembrança,
Abençoa-me, para ser extremamente cauteloso,
Evitando sempre ações nocivas
E reunindo abundante virtude.

Os prazeres do samsara são enganosos,
Não trazem contentamento, apenas tormentos;
Abençoa-me, para ter o esforço sincero
Para obter o êxtase da liberdade perfeita.

Ó, abençoa-me, para que desse pensamento puro
Resulte contínua-lembrança e imensa cautela,
A fim de manter como minha prática essencial
A raiz da doutrina, o Pratimoksha.

Assim como eu, todas as minhas bondosas mães
Estão se afogando no oceano do samsara;
Para que logo eu possa libertá-las,
Abençoa-me, para treinar a bodhichitta.

Mas não posso tornar-me um Buda
Apenas com isso, sem as três éticas;
Assim, abençoa-me com a força de praticar
Os votos do Bodhisattva.

Por pacificar minhas distrações
E analisar perfeitos sentidos,
Abençoa-me, para logo alcançar a união
Da visão superior com o tranquilo-permanecer.

Quando me tornar um puro recipiente
Pelos caminhos comuns, abençoa-me, para ingressar
Na essência da prática da boa fortuna,
O supremo veículo, Vajrayana.

As duas conquistas dependem, ambas,
De meus sagrados votos e compromissos;
Abençoa-me, para entender isso claramente
E conservá-los à custa da minha vida.

Por sempre praticar em quatro sessões
A via explicada pelos santos mestres,
Ó, abençoa-me, para obter ambos os estágios
Que são a essência dos Tantras.

Que os que me guiam no bom caminho
E meus companheiros tenham longas vidas;
Abençoa-me, para pacificar inteiramente
Todos os obstáculos internos e externos.

Que eu sempre encontre perfeitos mestres
E deleite-me no sagrado Dharma,
Conquiste todos os solos e caminhos velozmente
E obtenha o estado de Vajradhara.

Receber bênçãos e purificar

Do coração de todos os seres sagrados, fluem correntes de luz e néctar, concedendo bênçãos e purificando.

Neste ponto, fazemos a contemplação e a meditação. Após a meditação, dedicamos nosso mérito enquanto recitamos as seguintes preces:

Preces dedicatórias

Pelas virtudes que coletei
Praticando as etapas do caminho,
Que todos os seres vivos tenham a oportunidade
De praticar da mesma forma.

Que cada um experiencie
A felicidade de humanos e deuses
E rapidamente alcance a iluminação,
Para que o samsara seja finalmente extinto.

Preces pela Tradição Virtuosa

Para que a tradição de Je Tsongkhapa,
O Rei do Dharma, floresça,
Que todos os obstáculos sejam pacificados
E todas as condições favoráveis sejam abundantes.

Pelas duas coleções, minhas e dos outros,
Reunidas ao longo dos três tempos,
Que a doutrina do Conquistador Losang Dragpa
Floresça para sempre.

Prece *Migtsema* de nove versos

Tsongkhapa, ornamento-coroa dos eruditos da Terra das Neves,
Tu és Buda Shakyamuni e Vajradhara, a fonte de todas as conquistas,
Avalokiteshvara, o tesouro de inobservável compaixão,
Manjushri, a suprema sabedoria imaculada,
E Vajrapani, o destruidor das hostes de maras.
Ó Venerável Guru Buda, síntese das Três Joias,
Com meu corpo, fala e mente, respeitosamente faço pedidos:
Peço, concede tuas bênçãos para amadurecer e libertar a mim e aos outros,
E confere-nos as aquisições comuns e a suprema. (3x)

Cólofon: Estas preces foram compiladas por
Venerável Geshe Kelsang Gyatso Rinpoche
a partir de fontes tradicionais.

Apêndice II

Um Comentário às Práticas Preparatórias

Um Comentário às Práticas Preparatórias

PREPARAÇÃO PARA MEDITAR

Todos nós temos o potencial para obter realizações de cada uma das 21 práticas de meditação apresentadas neste livro. Esses potenciais são como sementes no campo da nossa mente, e a nossa prática de meditação é como cultivar essas sementes. Porém, nossa prática de meditação somente será bem-sucedida se, em primeiro lugar, fizermos boas preparações.

Se quisermos cultivar uma plantação exterior, começamos fazendo cuidadosos preparativos. Primeiro, removemos do solo tudo que possa obstruir o desenvolvimento daquilo que vamos cultivar, como pedras e ervas daninhas. Em segundo lugar, enriquecemos o solo com adubo ou fertilizantes, para fortalecê-lo e sustentar o crescimento da plantação. Em terceiro lugar, providenciamos calor e umidade, que são as condições necessárias que tornam possível a germinação das sementes e o crescimento das plantas. De modo semelhante, para cultivar nossas plantações interiores de realizações de Dharma, precisamos também começar fazendo cuidadosos preparativos. Primeiro, precisamos purificar nossa mente para eliminar o carma negativo que acumulamos no passado, porque, se não purificarmos esse carma, ele irá obstruir o desenvolvimento das realizações de Dharma. Em segundo lugar, precisamos acumular mérito, para dar à nossa mente o vigor necessário para sustentar o crescimento das realizações de Dharma. Em terceiro lugar, precisamos ativar e sustentar o desenvolvimento das realizações de Dharma por meio de receber as bênçãos dos seres sagrados.

É muito importante receber bênçãos. Por exemplo, se estivermos cultivando uma plantação exterior, não seremos capazes de produzir nada se não providenciarmos calor e umidade, mesmo que tenhamos removido as ervas daninhas e fertilizado o solo. É a reunião de tudo isso que faz com que as sementes germinem, que sustenta o crescimento das plantas e que, por fim, amadurece a colheita. Do mesmo modo, ainda que purifiquemos nossa mente e acumulemos mérito, teremos dificuldade em sermos bem-sucedidos em nossas meditações se não recebermos as bênçãos dos seres sagrados. Receber bênçãos transforma nossa mente por ativar nossos potenciais virtuosos, por manter o crescimento das nossas realizações de Dharma, e por conduzir nossa prática de Dharma à sua conclusão.

A partir disso, podemos ver que há três preparações essenciais para uma meditação bem-sucedida: purificar negatividades, acumular mérito e receber bênçãos. As práticas preparatórias breves que agora se seguem contêm a essência destas três preparações.

LIMPAR O AMBIENTE

Antes de nos sentarmos para meditar, é importante nos certificarmos de que o local onde iremos meditar esteja limpo. Um ambiente limpo torna a nossa mente clara e revigorada. Além disso, durante as práticas preparatórias, convidaremos, para virem ao nosso quarto, os Budas, Bodhisattvas e demais seres sagrados como um Campo para Acumular Mérito, e, em sinal de respeito, devemos nos certificar de que nosso quarto esteja previamente limpo e arrumado.

MONTAR UM ALTAR

Se possível, devemos montar um altar com representações do corpo, fala e mente de Buda. Para representar o corpo de Buda, colocamos uma estátua ou uma figura de Buda no centro do altar. À direita do altar (nossa esquerda), colocamos um texto de Dharma, representando a fala de Buda; e à esquerda do altar (nossa direita), colocamos uma estupa ou a figura de uma estupa, representando a mente de Buda. Lembrando que a mente onisciente de Buda ingressa, efetivamente, nesses objetos, devemos sentir que estamos realmente na presença de Buda vivo, e fazer prostrações e oferendas em conformidade com esse reconhecimento.

Se quisermos, podemos dispor oferendas diante do altar (tais como fileiras de sete vasilhas de água) ou qualquer outra substância limpa e bonita (tais como flores, incenso, velas, mel, bolos, chocolate ou frutas). Mais informações sobre como montar um altar e fazer oferendas podem ser encontradas no livro *Caminho Alegre da Boa Fortuna*.

A POSTURA DE MEDITAÇÃO

Quando essas preparações estiverem concluídas, podemos nos sentar para meditar. Se possível, devemos nos sentar em postura vajra, mas, se não estivermos familiarizados com essa postura, podemos nos sentar em qualquer outra posição que seja confortável. Se não pudermos sentar com as pernas cruzadas, podemos nos sentar numa cadeira. O mais importante é manter as costas retas, de modo que os ventos-energia sutis do nosso corpo possam fluir livremente e manter nossa mente ativa, vigilante. Nossas mãos devem ficar logo abaixo do umbigo, com as palmas abertas e voltadas para cima – a mão direita sobre a esquerda, e os dois polegares tocando-se levemente.

ACALMAR A MENTE

Antes de dar início às preces preparatórias, devemos acalmar nossa mente por meio de fazer meditação respiratória. Respirando naturalmente, tentamos nos concentrar em nossa própria respiração, sem ficarmos distraídos pelos pensamentos conceituais.

Conforme expiramos, imaginamos que exalamos todas as nossas negatividades, obstáculos e pensamentos distrativos sob a forma de uma fumaça preta. Conforme inspiramos, imaginamos que inalamos as bênçãos de todos os seres sagrados sob a forma de uma luz branca e pura. Continuamos com essa meditação por alguns minutos ou até que a nossa mente esteja calma e serena. Se quisermos, podemos usar a meditação respiratória especial, explicada no Apêndice III.

As demais práticas preparatórias são feitas juntamente com as *Preces para Meditação*. O propósito de recitar essas preces é o de direcionar nossa mente para práticas específicas. Elas serão agora explicadas brevemente.

Buscar refúgio Geramos medo dos sofrimentos do samsara, em geral, e de renascer nos reinos inferiores, em particular; e então, com forte fé de que as Três Joias têm o poder para nos proteger desses sofrimentos, buscamos refúgio em Buda, Dharma e Sangha, enquanto recitamos a prece de refúgio. A prática propriamente dita de buscar refúgio está explicada na Meditação 4.

Gerar bodhichitta Há duas coisas importantes para enfatizar quando meditamos: nossa motivação no início e nossa dedicatória ao final. Devemos começar gerando a motivação de bodhichitta, o desejo de alcançar a Budeidade para ajudar todos os seres vivos. Com essa motivação, recitamos a prece de bodhichitta. Nossa familiaridade com refúgio e bodhichitta aumentará naturalmente à medida que praticarmos o ciclo das 21 meditações.

Gerar os quatro incomensuráveis Os quatro incomensuráveis são quatro estados mentais especiais que fortalecem nossa bodhichitta. Esses quatro estados mentais especiais são: incomensurável amor (o desejo de que todos os seres sejam felizes), incomensurável compaixão (o desejo de que todos os seres sejam livres do sofrimento), incomensurável alegria (o desejo de que todos os seres alcancem a alegria duradoura da libertação), e incomensurável equanimidade (o desejo de que todos os seres sejam livres de atitudes desequilibradas, tais como o apego e a raiva). Esses estados mentais especiais são denominados "incomensuráveis" porque geramos essas mentes enquanto pensamos em todos os seres vivos, que são numericamente incomensuráveis.

Visualizar o Campo para Acumular Mérito O Campo para Acumular Mérito é a assembleia de Budas, Bodhisattvas e demais seres sagrados, em quem tomamos refúgio e para quem fazemos prostrações, oferendas, confissão e assim por diante. Imaginamos que eles estão, todos, no espaço à nossa frente, com Buda Shakyamuni, nosso principal objeto de visualização, no centro, e todos os demais seres sagrados ao seu redor, como a Lua cheia rodeada pelas estrelas. Eles são chamados "Campo para Acumular Mérito" porque, por oferecermos a eles a prece dos sete membros e o mandala, acumulamos mérito em nossa mente. No início, não devemos ter a expectativa de sermos capazes de visualizar toda a assembleia; é suficiente acreditar, simplesmente, que eles estão todos presentes à nossa frente.

Prece dos sete membros Os sete membros são métodos para purificar negatividades e acumular mérito. Os sete membros são: prostração, fazer oferendas, confessar não-virtudes, regozijar-se com virtudes, rogar aos seres sagrados que permaneçam, pedir ensinamentos de Dharma, e dedicar mérito. Eles são denominados "membros" porque dão sustentação à nossa meditação, que é o corpo principal da nossa prática. Prostração, fazer oferendas, regozijar-se com virtudes, rogar aos seres sagrados que permaneçam e pedir ensinamentos de Dharma são práticas que acumulam mérito; confessar não-virtudes purifica negatividades; e dedicar nosso mérito impede que nossa virtude seja destruída.

Prostrar-se significa *mostrar respeito*. Podemos mostrar respeito com o nosso corpo ao fazer prostrações físicas ou, simplesmente, colocando nossas mãos juntas na altura do nosso coração;

podemos mostrar respeito com a nossa fala, recitando versos de louvor; e podemos mostrar respeito com a nossa mente, gerando fé nos seres sagrados. Se possível, devemos fazer estes três tipos de prostração simultaneamente. Esta prática serve também para reduzir nosso orgulho e outras delusões fortes.

Como foi mencionado anteriormente, podemos fazer oferendas colocando sete ou mais vasilhas de água diante do nosso altar ou oferecendo qualquer substância limpa e bonita, tais como flores, incenso ou frutas. Se usarmos nossa imaginação, podemos oferecer palácios adornados com joias, jardins, piscinas perfumadas e, até mesmo, universos inteiros – tudo completamente puro. Os Budas e Bodhisattvas não têm necessidade das nossas oferendas, mas fazer extensas oferendas tem um efeito muito benéfico em nossa mente, pois cria uma vasta quantidade de mérito, ou boa fortuna, e se contrapõe à avareza.

A prática de confissão possibilita-nos purificar ações negativas cometidas no passado. Se contemplarmos e meditarmos sinceramente sobre o carma, compreenderemos que já cometemos incontáveis ações negativas graves. Temendo as consequências dessas ações, desenvolvemos um forte desejo de purificá-las. Para purificar ações negativas, precisamos reconhecer as falhas dessas ações e sentir arrependimento por tê-las cometido. Arrependimento não é o mesmo que culpa. Arrependimento é, simplesmente, um forte desejo de purificar nossa mente da energia negativa criada pelas ações não-virtuosas. Sentindo arrependimento por todas as ações não-virtuosas que cometemos, confessamos todas elas aos seres sagrados. Desse modo, recebemos as bênçãos purificadoras de todos os Budas e Bodhisattvas. Com essas atitudes de arrependimento e fé, quaisquer ações virtuosas que fizermos irão servir como purificação. Se começarmos cada sessão de meditação com uma confissão sincera, a sessão inteira servirá para purificar nossa negatividade acumulada. Para purificar completamente uma ação não-virtuosa, devemos fazer a promessa de não repeti-la. Não faz sentido confessar nossas ações negativas se não temos a intenção de nos abster de cometê-las novamente no futuro.

Regozijo é apreciar e regozijar-se com as nossas próprias virtudes e com as virtudes dos outros. Regozijar-se com virtudes aumenta nossas tendências virtuosas e supera a inveja e competitividade. É uma das maneiras mais fáceis de criar uma vasta quantidade de mérito. Mesmo quando estamos deitados na cama, regozijar-se com as ações virtuosas dos outros é uma poderosa prática espiritual.

Rogar ao nosso Guia Espiritual e a todos os demais seres sagrados que permaneçam conosco para nos guiar e inspirar ajuda-nos a manter uma forte conexão com nosso Guia Espiritual, nesta vida e nas vidas futuras.

Pedir aos seres sagrados que girem a Roda do Dharma, isto é, que deem ensinamentos de Dharma, cria a causa para o Dharma permanecer neste mundo e assegura que encontraremos o Dharma em nossas vidas futuras.

Como foi mencionado anteriormente, a dedicatória é muito importante, porque ela direciona o mérito que acumulamos com a nossa prática de meditação para a aquisição da plena iluminação e impede que esse mérito seja destruído pela raiva ou outras mentes não-virtuosas, tais como visões errôneas. Fazemos a dedicatória gerando uma forte intenção mental de que nosso mérito se torne uma causa da nossa iluminação para o benefício de todos os seres vivos.

Para aqueles que estão interessados em praticar os sete membros de uma forma mais elaborada, um comentário detalhado pode ser encontrado no livro *Caminho Alegre da Boa Fortuna* e no segundo e terceiro capítulos do livro *Contemplações Significativas*.

Oferecer o mandala A oferenda de mandala é uma maneira de oferecer o universo inteiro numa forma visualizada. Imaginamos que o universo inteiro transforma-se na Terra Pura de um Buda, que então oferecemos ao Campo de Mérito com a prece para que todos os seres vivos possam vir a viver numa Terra Pura o mais breve possível. Para fazer a oferenda de mandala, visualizamos que seguramos, em nossas mãos, uma base dourada, vasta e circular. No centro, ergue-se Monte Meru; ao seu redor, estão quatro ilhas-continentes, e, no espaço acima, estão o Sol e a Lua. Tudo o que é puro e belo está incluído no mandala. Quando recitamos a segunda estrofe da oferenda de mandala, oferecemos tudo o que estimula nossas delusões. Imaginamos que as pessoas e coisas às quais estamos apegados, assim como aquelas que nos fazem desenvolver ódio e confusão, transformam-se, todas, em seres e prazeres puros, e os oferecemos às Três Joias. Por transformar e oferecer os objetos dos três venenos – apego, ódio e confusão –, removemos a base a partir da qual essas delusões se desenvolvem. Mais detalhes sobre a oferenda de mandala podem ser encontrados nos livros *Caminho Alegre da Boa Fortuna*, *Grande Tesouro de Mérito* e *Novo Guia à Terra Dakini*.

Prece das Etapas do Caminho Após purificar negatividades e acumular mérito por meio de recitar a prece dos sete membros e de oferecer o mandala, pedimos agora aos seres sagrados que concedam suas bênçãos para que possamos receber todas as realizações das etapas do caminho. Fazemos esse pedido recitando a *Prece das Etapas do Caminho*, enquanto nos concentramos estritamente focados no seu significado.

Receber bênçãos e purificar Após fazermos pedidos por meio de recitar a *Prece das Etapas do Caminho*, imaginamos que Buda Shakyamuni e todos os demais Budas e Bodhisattvas estão deleitados. Com a mesma expressão sorridente de amor de um pai por seu querido filho, Buda irradia raios de luz e néctar do seu coração, que entram pela coroa da nossa cabeça e preenchem o nosso corpo por inteiro. Isso purifica todos os nossos impedimentos para alcançar profunda experiência do assunto sobre o qual iremos meditar, e torna a nossa mente muito clara, positiva e poderosa. Devemos acreditar firmemente que isso está acontecendo.

Contemplação e meditação Agora que purificamos nossa mente, acumulamos mérito e recebemos bênçãos, estamos prontos para começar nossa contemplação e meditação, por meio de seguir as instruções específicas dadas para cada meditação.

Se, durante a nossa meditação, nossa mente tornar-se obtusa ou pesada, ou se encontrarmos outras dificuldades, devemos interromper temporariamente nossa meditação e fazer preces aos seres sagrados diante de nós. Imaginamos que eles respondem às nossas preces com luzes e néctares poderosos, que fluem para o nosso corpo e eliminam imediatamente nossos obstáculos. Retomamos, então, nossa meditação.

Estas preparações são extremamente importantes para o sucesso da nossa meditação. Se desejarmos investir mais tempo nelas, podemos recitar uma prece preparatória ligeiramente mais extensa, intitulada *Essência da Boa Fortuna*, que pode ser encontrada no livro *Caminho Alegre da Boa Fortuna*. Se desejarmos, podemos enfatizar a prática de buscar refúgio, recitando a prece de refúgio centenas de vezes, ou podemos acumular mérito por meio de fazer muitas oferendas de mandala, ou podemos enfatizar a prática de purificação fazendo prostrações aos Trinta e Cinco Budas Confessionais, como está explicado no livro *O Voto Bodhisattva*. Algumas vezes, se desejarmos, podemos empregar a sessão inteira para as práticas preparatórias.

Dedicatória Ao final da nossa sessão, imaginamos que todos os seres sagrados convertem-se em luz e dissolvem-se através da coroa da nossa cabeça. Sentimos que o nosso corpo, fala e mente e o corpo, fala e mente de Buda tornam-se *um*. Então, enquanto recitamos as preces dedicatórias, dedicamos o mérito que acumulamos ao praticar as preparações, a contemplação e a meditação, para a felicidade de todos os seres vivos.

Não é suficiente que as práticas preparatórias sejam uma mera recitação verbal ou algo que nos empenhamos apenas durante a nossa sessão de meditação. Em vez disso, as práticas de fazer prostrações, oferendas (especialmente, a oferenda de mandala), confessar não-virtude, regozijar-se com virtudes, rogar aos seres sagrados que permaneçam, pedir ensinamentos de Dharma e dedicar mérito devem estar integradas, de modo prático, com cada momento da nossa vida diária. Desse modo, nossa boa fortuna crescerá continuamente, nossa mente irá se tornar pura e clara, e nossas atividades espirituais serão poderosas e efetivas.

Apêndice III

Uma Meditação Respiratória Especial

OM

Símbolo do corpo de todos os Budas

Uma Meditação Respiratória Especial

Em geral, o propósito da meditação respiratória é acalmar a mente e reduzir distrações antes de praticarmos, efetivamente, uma meditação específica, como qualquer uma das 21 meditações descritas neste livro. Uma meditação respiratória simples, como a que está explicada nas páginas 10–12, irá nos ajudar a fazer isso, mas a meditação explicada aqui cumpre também muitas outras funções. Ela nos ajuda a aperfeiçoar nossa motivação, a desenvolver um bom coração e uma mente controlada, e aumenta nossa energia para praticar o Dharma. Ela é também um método especial para amadurecer nossas sementes búdicas e para nos preparar para a meditação do Tantra Ioga Supremo.

Nesta meditação, associamos nossa respiração com a recitação do mantra OM AH HUM, o qual é denominado "o mantra de todos os Budas". Há muitos mantras diferentes, mas todos eles estão contidos nessas três letras. Todos os Budas estão incluídos nestes três grupos: corpo-vajra, fala-vajra e mente-vajra. O mantra do corpo-vajra é OM, o mantra da fala-vajra é AH, e o mantra da mente-vajra é HUM. Portanto, se recitarmos essas três letras com fé, receberemos as bênçãos do corpo, fala e mente de todos os Budas.

Um Buda é alguém que é completamente livre de todas as falhas e limitações, e que desenvolveu todas as boas qualidades à perfeição. Por essa razão, um Buda possui qualidades especiais de corpo, fala e mente que os seres comuns não possuem. Quando recitamos esse mantra, devemos ter profunda fé nessas qualidades e gerar um forte desejo de desenvolvê-las em nós próprios.

AH

Símbolo da fala de todos os Budas

Mesmo os seres comuns mais notáveis, como reis e rainhas, possuem não mais que um único corpo, mas um Buda possui muitos corpos. O corpo propriamente dito de um Buda é a sua mente onisciente. Esse corpo é denominado "Corpo-Verdade". Porque somente outros seres iluminados podem ver esse corpo, o Corpo-Verdade manifesta um Corpo-Forma sutil, denominado "Corpo-de-Deleite". Esse corpo, no entanto, é muito sutil, e pode ser visto apenas por Bodhisattvas superiores, aqueles que têm uma realização direta da vacuidade. Para poder se comunicar diretamente com os seres comuns, o Corpo-de-Deleite emana incontáveis Corpos-Forma densos, denominados "Corpos-Emanação". Há dois tipos de Corpo-Emanação: Corpos-Emanação Supremos e Corpos-Emanação que aparecem como seres comuns. O primeiro pode ser visto apenas por aqueles com mentes puras e carma puro, mas o último pode ser visto por qualquer ser. De acordo com o Budismo Mahayana, os Corpos-Emanação dos Budas estão presentes no mundo inteiro, embora eles não sejam normalmente reconhecidos pelos seres comuns. Os seres comuns têm mentes comuns e, portanto, veem tudo, até mesmo uma emanação de Buda, como comum.

A fala de Buda também possui muitas boas qualidades. Diferentemente da fala dos seres comuns, cuja fala não tem muito poder, a fala de um Buda tem o poder para ajudar todos os seres vivos. Todos querem ser livres do sofrimento e experienciar felicidade pura, e a fala de Buda explica como satisfazer esse desejo. Embora estejamos constantemente em busca de felicidade, nunca a encontramos. Buda explica que a razão disso é que estamos presos no samsara. Felicidade verdadeira somente pode ser encontrada fora do samsara. Se quisermos experienciar essa felicidade, devemos escapar do samsara por meio de confiar nos caminhos espirituais ensinados por Buda. Então, experienciaremos a cessação permanente do sofrimento e uma paz e felicidade ininterruptas. A fala de Buda é, portanto, a chave que nos liberta da prisão do samsara e que satisfaz nosso desejo por felicidade.

A mente dos Budas também possui muitas qualidades únicas e exclusivas. A mente de um Buda é completamente livre da ignorância

HUM

Símbolo da mente de todos os Budas

e de suas marcas, como um céu sem nuvens. Porque suas mentes são totalmente desobstruídas, os Budas conhecem direta e simultaneamente todos os fenômenos do passado, presente e futuro. A mente de um Buda é o nível mais elevado de desenvolvimento mental.

Todos nós temos as sementes do corpo, fala e mente de um Buda, e se praticarmos caminhos espirituais puros, podemos fazer com que essas sementes amadureçam e, assim, alcançarmos essas qualidades especiais. Se continuarmos a aprimorar nossas mentes de amor, compaixão e bodhichitta que atualmente temos, iremos nos tornar um Bodhisattva. Se, depois, continuarmos a treinar em caminhos espirituais puros, por fim nos tornaremos um Buda. No Budismo Mahayana, nossa maneira de confiar em Buda não é simplesmente pedindo a Buda que nos ajude, mas empenhando-nos para nos tornarmos um Buda e, assim, sermos capazes de ajudar os outros. Portanto, devemos tentar reduzir gradualmente nossas falhas de corpo, fala e mente e, no seu lugar, desenvolver todas as boas qualidades. À medida que nossas falhas diminuírem e nossas boas qualidades aumentarem, ficaremos cada vez mais próximos da Budeidade. Por fim, iremos nos tornar um ser plenamente iluminado. Muitos milhares de praticantes mahayana no passado alcançaram a iluminação dessa maneira.

Contemplando estes pontos, devemos pensar:

> *Que maravilhoso seria se eu me tornasse um Buda e alcançasse as boas qualidades do corpo, fala e mente de um Buda! No momento presente, não tenho poder para ajudar os outros, mas, se eu me tornar um Buda, serei capaz de ajudar todos os seres vivos, sem exceção. Portanto, preciso me tornar um Buda.*

Essa motivação é bodhichitta. Com essa motivação, devemos praticar a recitação do mantra OM AH HUM, enquanto recordamos seu significado. Até que fiquemos familiarizados com o mantra, devemos recitá-lo verbalmente. Depois, podemos combiná-lo com a meditação respiratória.

Para fazer isso, respiramos suave e naturalmente por ambas as narinas. Conforme inalamos, recitamos mentalmente OM. Seguramos então brevemente a respiração em nosso coração, e recitamos mentalmente AH. Então, à medida que exalamos suavemente, recitamos mentalmente HUM. Repetimos este ciclo quantas vezes desejarmos, recordando, o tempo todo, o significado do mantra com uma mente de fé. Neste contexto, "coração" refere-se ao coração espiritual, não ao coração físico. O coração espiritual está localizado no centro do peito. No início, seremos capazes de segurar nossa respiração por apenas um breve período, mas, com familiaridade, seremos capazes de segurá-la, sem desconforto, por períodos cada vez mais longos.

Esta meditação produz muitos bons resultados. Ela acalma nossa mente e faz com que as nossas concepções distrativas diminuam. Fortalece o vento de sustentação vital, no nosso coração, aumentando assim nosso tempo de vida e nos protegendo de morte prematura. Porque fazemos esta meditação com a motivação de obter as boas qualidades do corpo, fala e mente de um Buda, estamos também treinando em bodhichitta, acumulando mérito e recebendo as bênçãos de Buda. Isso faz com que as nossas sementes búdicas amadureçam, além de nos preparar para a meditação do Tantra Ioga Supremo, ajudando-nos, no futuro, a alcançar realizações do estágio de conclusão mais facilmente. Por estas razões, esta meditação é muito mais poderosa que a meditação respiratória comum.

Os efeitos desta prática permanecem mesmo quando emergimos da meditação. Se fizermos esta meditação com regularidade, perceberemos que nossa mente irá se tornar gradualmente mais positiva e mais controlada. Ela ficará como um cavalo bem treinado, que faz o que quer que o cavaleiro deseje. Se quisermos meditar, nossa mente permanecerá no objeto, sem distração. Se quisermos fazer prostrações, ela o fará alegremente, sem procrastinação ou preguiça. À medida que nossa mente se tornar mais controlada, sentiremos mais facilidade para nos abster de ações negativas de corpo, fala e mente e para praticar virtude. Experienciaremos paz e felicidade dia e noite, vida após vida; e seremos capazes de compartilhar os benefícios dessa experiência com os outros. Este é o verdadeiro significado do estilo de vida budista.

Compreendendo os muitos benefícios desta meditação respiratória especial, devemos tentar fazê-la sempre que pudermos.

Apêndice IV

Sugestão para um Programa de Retiro

Sugestão para um Programa de Retiro

Quando fazemos um retiro sobre as 21 meditações, o ideal é que o nosso retiro tenha a duração de, pelo menos, uma semana. Se possível, devemos fazer quatro sessões por dia. A primeira sessão deve ser bem cedo pela manhã; a segunda sessão, antes do almoço; a terceira, no final da tarde; e a quarta sessão, à noite. Podemos escolher a duração das sessões, desde meia hora até duas horas cada. Devemos iniciar cada sessão com as práticas preparatórias e, depois, fazer as contemplações e meditações de acordo com a sequência sugerida a seguir. Ao final de cada sessão, devemos dedicar nosso mérito para o bem-estar de todos os seres vivos, e, entre as sessões, devemos nos esforçar nas práticas subsequentes com forte contínua-lembrança (*mindfulness*). Se o retiro durar mais do que uma semana, podemos repetir o ciclo a cada semana. Desse modo, a cada semana passaremos por todas as 21 meditações, desde *nossa preciosa vida humana* até *confiar em um Guia Espiritual*.

DIA UM

Sessão 1	Meditação 1 – Nossa preciosa vida humana.
Sessão 2	Meditação 2 – Morte e impermanência.
Sessão 3	Meditações 3 e 4 – Os perigos de um renascimento inferior e a prática de refúgio.
Sessão 4	Meditação 5 – Ações e seus efeitos.

DIA DOIS

Sessão 1	Meditação 6 – Desenvolver renúncia, utilizando as quatro primeiras contemplações: nascimento, doença, envelhecimento e morte.
Sessão 2	Meditação 6 – Desenvolver renúncia, utilizando as três contemplações restantes.
Sessão 3	Meditação 6 – Desenvolver renúncia, utilizando as sete contemplações.
Sessão 4	Meditação 6 – Desenvolver renúncia, utilizando as sete contemplações.

DIA TRÊS

Sessão 1	Meditação 7 – Desenvolver equanimidade.
Sessão 2	Meditação 8 – Reconhecer que todos os seres vivos são nossas mães.
Sessão 3	Meditação 9 – Relembrar a bondade dos seres vivos.
Sessão 4	Meditação 10 – Equalizar eu com outros.

DIA QUATRO

Sessão 1	Meditação 11 – As desvantagens do autoapreço.
Sessão 2	Meditação 12 – As vantagens de apreciar os outros.
Sessão 3	Meditação 13 – Trocar eu por outros.
Sessão 4	Meditação 14 – Grande compaixão.

DIA CINCO

Sessão 1	Meditação 15 – Tomar.
Sessão 2	Meditação 16 – Amor desiderativo.
Sessão 3	Meditação 17 – Dar.
Sessão 4	Meditação 18 – Bodhichitta.

DIA SEIS

As quatro sessões	Meditação 19 – Tranquilo-permanecer, utilizando como nosso objeto de meditação um objeto escolhido por nós ou a bodhichitta.

DIA SETE

Sessão 1	Meditação 20 – Visão superior, meditação na vacuidade.
Sessão 2	Meditação 20 – Visão superior, meditação na vacuidade.
Sessão 3	Meditação 20 – Visão superior, meditação na vacuidade.
Sessão 4	Meditação 21 – Confiar em um Guia Espiritual.

Apêndice V

Os Compromissos de Buscar Refúgio

Os Compromissos de Buscar Refúgio

Quando buscamos refúgio, comprometemo-nos a observar doze compromissos especiais. Ao observá-los sinceramente, protegemos nossa mente de refúgio, e ela se torna gradualmente mais poderosa. Esses compromissos estabelecem os alicerces para todas as realizações das etapas do caminho. Compreendendo isso, não devemos considerá-los como se fossem um fardo, mas praticá-los alegre e sinceramente.

Dentre os doze compromissos, seis são compromissos específicos, e seis são compromissos gerais. Os seis compromissos específicos são assim chamados porque estão relacionados especificamente a cada uma das Três Joias. Há dois compromissos relacionados a Buda, dois compromissos relacionados ao Dharma e dois compromissos relacionados à Sangha. Em cada caso, há algo a ser abandonado e algo a ser praticado. Os seis compromissos restantes se aplicam igualmente a Buda, Dharma e Sangha. Esses doze compromissos serão agora explicados brevemente.

OS DOIS COMPROMISSOS RELACIONADOS ESPECIFICAMENTE A BUDA

1. Não buscar refúgio em professores que contradizem a visão de Buda nem em deuses samsáricos. Ao buscar refúgio em Buda, temos um compromisso de abandonar buscar refúgio último em professores que contradizem a visão de Buda ou em deuses mundanos. Isso não significa que não podemos receber ajuda dos outros; significa que não iremos confiar neles com a expectativa de que nos proporcionem proteção última, ou definitiva, contra o sofrimento.

2. Considerar qualquer imagem de Buda como um Buda efetivo. Ao buscar refúgio em Buda, temos também um compromisso de considerar qualquer imagem de Buda como um Buda verdadeiro. Sempre que virmos uma estátua, feita de ouro ou qualquer outro material, devemos considerá-la um Buda de verdade. Não devemos desprezar o material nem a sua qualidade artesanal ou artística, mas prestar homenagem, fazendo oferendas e prostrações, e buscar refúgio. Se praticarmos dessa maneira, nosso mérito crescerá abundantemente.

OS DOIS COMPROMSSOS RELACIONADOS ESPECIFICAMENTE AO DHARMA

3. Não prejudicar os outros. Ao buscar refúgio no Dharma, temos um compromisso de abandonar ações que prejudiquem os outros. Em vez de tratar mal os outros, devemos tentar, com a melhor motivação, beneficiá-los sempre que pudermos. Primeiro, precisamos nos concentrar em reduzir os pensamentos nocivos e gerar uma intenção benéfica em relação àqueles que são próximos de nós, como nossos amigos e familiares. Quando tivermos desenvolvido um bom coração em relação a eles, podemos então ampliar gradualmente nossa prática para incluir mais e mais pessoas, até, por fim, termos um bom coração para com todos os seres vivos. Se pudermos abandonar os pensamentos prejudiciais ou nocivos e mantermos sempre uma intenção benéfica, obteremos facilmente as realizações de amor desiderativo e grande compaixão. Desse modo, começaremos a aumentar nossa compaixão, que é a verdadeira essência do Budadharma, desde o início da nossa prática de buscar refúgio.

4. Considerar qualquer escritura de Dharma como sendo a Joia Dharma efetiva. Ao buscar refúgio no Dharma, temos também um compromisso de considerar qualquer escritura de Dharma como uma efetiva Joia Dharma. O Dharma é a fonte de toda saúde e felicidade. Uma vez que não podemos ver as Joias Dharma propriamente ditas com os nossos olhos, devemos considerar os textos de Dharma como verdadeiras Joias Dharma. As Joias Dharma efetivas surgem unicamente como o resultado de estudar, contemplar e meditar no significado das escrituras. Precisamos respeitar cada letra das escrituras e cada letra que explica os ensinamentos de Buda. Portanto, devemos tratar nossos livros de Dharma com grande cuidado, evitando pisá-los, passar sobre eles ou colocá-los em lugares inapropriados, onde possam ser danificados ou usados inadequadamente. Cada vez que tratamos com negligência, estragamos ou danificamos um livro de Dharma, criamos a causa para nos tornarmos mais ignorantes, pois essas ações são semelhantes à ação de abandonar o Dharma. Certa vez, o grande professor tibetano Geshe Sharawa viu algumas pessoas brincando negligentemente com seus livros de Dharma, e lhes disse: "Vocês não devem fazer isso. Vocês já são ignorantes o suficiente. Por que desejam se tornar ainda mais ignorantes?".

OS DOIS COMPROMISSOS RELACIONADOS ESPECIFICAMENTE À SANGHA

5. Não nos permitir sermos influenciados por pessoas que rejeitam os ensinamentos de Buda. Ao buscar refúgio na Sangha, temos um compromisso de deixar de sermos influenciados por pessoas que rejeitam os ensinamentos de Buda. Isso não significa que devemos abandonar essas pessoas; mas, simplesmente, não devemos permitir que suas opiniões influenciem nossa mente. Sem abandonar o amor e a consideração pelos outros, devemos estar vigilantes e nos assegurar de que não estamos sendo levados por seus maus hábitos e conselhos infundados.

6. Considerar todos os que usam as vestes de uma pessoa ordenada como sendo uma Joia Sangha efetiva. Ao buscar refúgio na Sangha, temos também um compromisso de reconhecer qualquer pessoa que use as vestes de uma pessoa ordenada como sendo uma verdadeira Joia Sangha. Mesmo que os membros da Sangha ordenada sejam pobres, devemos mostrar respeito por eles e honrá-los, pois eles estão mantendo disciplina moral e isso é algo muito raro e precioso.

OS SEIS COMPROMISSOS GERAIS

7. Buscar refúgio, muitas e muitas vezes, nas Três Joias, lembrando suas boas qualidades e o que as diferencia entre si. O Dharma é como um barco que pode nos levar através do oceano do samsara; Buda é como o habilidoso navegador desse barco; e a Sangha é como a tripulação. Lembrando-nos disso, devemos buscar refúgio muitas e muitas vezes nas Três Joias.

8. Oferecer a primeira porção de tudo o que comemos e bebemos às Três Joias, enquanto lembramos sua bondade. Uma vez que precisamos comer e beber várias vezes ao dia, se sempre oferecermos a primeira porção de nossa comida ou bebida às Três Joias lembrando-nos de sua bondade, aumentaremos imensamente nosso mérito. Podemos fazer isso com a seguinte prece:

Faço esta oferenda a ti, Buda Shakyamuni,
Cuja mente é a síntese de todas as Joias Buda,
Cuja fala é a síntese de todas as Joias Dharma,

Cujo corpo é a síntese de todas as Joias Sangha.
Ó Abençoado, por favor, aceita-a e abençoa minha mente.
OM AH HUM (3x)

É importante sempre relembrar da bondade de Buda. Toda nossa felicidade é o resultado da bondade de Buda, porque todas as ações de Buda são permeadas por compaixão e consideração pelos outros, e são essas ações que nos possibilitam fazer ações virtuosas, que são a causa da nossa felicidade.

Não fosse pela bondade de Buda, não conheceríamos as verdadeiras causas de felicidade ou as verdadeiras causas de sofrimento. Buda nos ensinou de que modo toda felicidade e sofrimento dependem da mente. Ele nos mostrou como abandonar os estados mentais que causam sofrimento e como cultivar os estados mentais que causam felicidade. Em outras palavras, ele nos ensinou métodos perfeitos para superarmos o sofrimento e alcançarmos a felicidade. Ninguém mais nos ensinou esses métodos. Como Buda é bondoso!

Nosso próprio corpo humano é uma prova da bondade de Buda. É devido às bênçãos e instruções de Buda que fomos capazes de criar a causa para renascer com uma forma humana, com todas as liberdades e dotes necessários à prática espiritual. Se agora somos capazes de aprender o Dharma e encontrar Guias Espirituais, isso se deve unicamente à bondade de Buda. Podemos praticar agora os métodos que conduzem à plena iluminação e obter realizações espirituais unicamente porque Buda foi bondoso o suficiente para girar a Roda do Dharma e mostrar seu exemplo neste mundo. Até mesmo a pequena sabedoria que temos para discriminar entre o que é benéfico e o que é prejudicial, assim como para reconhecer os ensinamentos de Buda como úteis e valiosos, é resultado da bondade de Buda.

Não devemos pensar que Buda ajuda apenas aqueles que o seguem. Buda alcançou a iluminação para beneficiar todos os seres vivos. Para ajudar os outros, ele se manifesta sob muitas formas diferentes, algumas vezes até como professores não budistas. Não há sequer um ser vivo que não tenha sido beneficiado pela bondade de Buda.

9. Com compaixão, sempre encorajar os outros a buscarem refúgio. Devemos sempre tentar ajudar os outros a buscarem refúgio, mas devemos fazer isso de modo muito habilidoso. Se conhecermos alguém que esteja interessado no Dharma, devemos ajudar essa pessoa a gerar as causas de buscar refúgio: medo do sofrimento e fé nas Três Joias. Podemos falar sobre a impermanência – como as condições desta vida mudam e como o nosso corpo irá envelhecer e se degenerar – e podemos conversar sobre os sofrimentos da doença, do envelhecimento e da morte. Podemos falar sobre o que acontecerá após a morte, sobre os diferentes tipos de renascimento, e podemos explicar também de que maneira todos os tipos de renascimento têm a natureza do sofrimento. Se incluirmos habilidosamente esses assuntos em nossas conversas, as pessoas começarão a perder sua complacência e, quando começarem a se sentir apreensivas, naturalmente desejarão saber o que pode ser feito. Nessa altura, poderemos explicar sobre Buda, Dharma e Sangha e como eles podem nos ajudar. Poderemos explicar, então, como buscar refúgio.

Se ajudarmos alguém dessa maneira, com discernimento e sensibilidade, sem sermos arrogantes ou impacientes, iremos proporcionar verdadeiro benefício. Nunca teremos certeza se os presentes materiais que damos aos outros irão, efetivamente, ajudá-los; às vezes, eles podem até mesmo causar mais problemas. A melhor maneira de ajudar os outros é conduzi-los ao Dharma. Se não podemos dar explicações elaboradas, podemos, ao menos, dar conselhos apropriados aos que se sentem infelizes e ajudá-los a solucionar seus problemas por meio do Dharma.

10. Lembrando os benefícios de buscar refúgio, buscar refúgio pelo menos três vezes durante o dia e três vezes durante a noite. Para que nunca nos esqueçamos das Três Joias, devemos buscar refúgio uma vez a cada quatro horas ou, pelo menos, três vezes durante o dia e três vezes durante a noite. Se nunca nos esquecermos das Três Joias e contemplarmos regularmente os benefícios de buscar refúgio, obteremos realizações muito rapidamente. Devemos ser como um homem, ou uma mulher, de negócios, que nunca se esquece de seus projetos mesmo quando está descansando.

11. Executar qualquer ação com plena confiança nas Três Joias. Devemos sempre confiar nas Três Joias em qualquer coisa que façamos. Desse modo, todas as nossas ações serão bem-sucedidas. Não é necessário buscar a inspiração e bênçãos de deuses mundanos, mas devemos sempre tentar receber as bênçãos de Buda, Dharma e Sangha, por meio de fazer oferendas e pedidos.

12. Nunca abandonar as Três Joias, mesmo à custa da nossa vida, muito menos por brincadeira. Nunca devemos abandonar as Três Joias, porque buscar refúgio é o alicerce de todas as realizações de Dharma. Certa vez, um budista foi capturado e seu inimigo lhe disse: "Abandona teu refúgio em Buda ou te matarei". O budista se recusou a abandonar seu refúgio e foi morto; porém, clarividentes viram que ele havia renascido imediatamente como um deus.

Apêndice VI

Uma Meditação Tradicional na Vacuidade

Uma Meditação Tradicional na Vacuidade

PRIMEIRA CONTEMPLAÇÃO

A vacuidade do *eu*

Identificar o objeto a ser negado

Embora nos agarremos a um *eu* inerentemente existente o tempo todo – mesmo durante o sono –, não é fácil identificar de que maneira ele aparece à nossa mente. Para identificá-lo de modo claro, devemos começar permitindo que ele se manifeste fortemente, por meio de contemplar as situações nas quais temos uma sensação exagerada do *eu*, como quando ficamos constrangidos, envergonhados, amedrontados ou indignados. Recordamos ou imaginamos uma situação assim e, então, sem nenhum comentário ou análise, tentamos obter uma imagem mental clara da maneira como o *eu* aparece nesses momentos. Temos de ser pacientes nesta etapa, pois podemos levar muitas sessões antes de obtermos uma imagem clara. Por fim, veremos que o *eu* aparece como se fosse totalmente sólido e real, existindo do seu próprio lado, sem depender do corpo ou da mente. Esse *eu* que aparece vividamente é o *eu* inerentemente existente, que tão fortemente apreciamos e cuidamos. Ele é o *eu* que defendemos quando somos criticados e do qual ficamos tão orgulhosos quando somos elogiados.

Uma vez que tenhamos uma imagem de como o *eu* aparece nessas circunstâncias extremas, devemos tentar identificar de que maneira ele aparece normalmente, em situações menos extremas. Por exemplo, podemos observar o *eu* que está, agora, meditando, e tentar descobrir como ele aparece para a nossa mente. Veremos que, embora neste caso, não exista uma sensação exagerada do *eu*, todavia, o *eu* continua a aparecer como sendo inerentemente existente, existindo do seu próprio lado, sem depender do corpo ou da mente. Uma vez que tenhamos uma imagem do *eu* inerentemente existente, concentramo-nos nela por algum tempo, com concentração estritamente focada. Então, durante a meditação, avançamos para a próxima etapa, que é contemplar raciocínios válidos para provar que o *eu* inerentemente existente, ao qual nos agarramos, na verdade, não existe. O *eu* inerentemente existente e o nosso *self* que normalmente percebemos são o mesmo; devemos saber que nenhum deles existe; ambos são objetos negados pela vacuidade.

Refutar o objeto negado

Se o *eu* existe do modo como aparece, ele precisa existir num destes quatro modos: como o corpo; como a mente; como a coleção, ou conjunto, de corpo e mente; ou como algo separado do corpo e da mente – não há outra possibilidade. Contemplamos esse argumento com bastante cuidado, até ficarmos convencidos de que esse é exatamente o caso e, então, procedemos ao exame de cada uma das quatro possibilidades:

(1) Se o nosso *eu* for o nosso corpo, não faz sentido dizer "meu corpo", porque o possuidor e a posse são idênticos.

Se o nosso *eu* for o corpo, então não existe renascimento futuro, porque o *eu* cessará quando o corpo morrer.

Se o nosso *eu* e o nosso corpo forem idênticos, então, já que somos capazes de desenvolver fé, sonhar, resolver problemas matemáticos e assim por diante, segue-se que carne, sangue e ossos podem fazer o mesmo.

Já que nada disso é verdadeiro, segue-se que o nosso *eu* não é o corpo.

(2) Se o nosso *eu* for a nossa mente, não faz sentido dizer "minha mente", porque o possuidor e a posse são idênticos; mas, quando focamos nossa mente, é comum dizermos "minha mente". Isto indica, de modo bastante claro, que nosso *eu* não é a nossa mente.

Se o nosso *eu* for a nossa mente, então, já que temos muitos tipos de mente (como as seis consciências, as mentes conceituais e as mentes não conceituais) segue-se que temos muitos "*eus*". Já que isso é um absurdo, nosso *eu* não pode ser a nossa mente.

(3) Já que o nosso corpo não é o nosso *eu* e a nossa mente não é o nosso *eu*, a coleção (ou conjunto) do nosso corpo e mente não pode ser o nosso *eu*. A coleção do nosso corpo e mente é uma coleção de coisas que não são o nosso *eu*; logo, como pode a coleção, ela própria, ser o nosso *eu*? Por exemplo, num rebanho de vacas, nenhum dos animais é uma ovelha; portanto, o rebanho, ele próprio, não é uma ovelha. Do mesmo modo, na coleção do nosso corpo e mente, nem o nosso corpo nem a nossa mente são o nosso *eu*; por essa razão, a coleção, ela própria, não é o nosso *eu*.

Você pode achar este ponto difícil de compreender, mas, se pensar sobre ele por um longo tempo, com uma mente calma e positiva e debater com praticantes mais experientes, isso se tornará gradualmente mais claro. Você também pode consultar livros autênticos sobre o assunto, tais como *Novo Coração de Sabedoria* e *Oceano de Néctar*.

(4) Se o nosso *eu* não é o nosso corpo, nem a nossa mente e nem a coleção (ou conjunto) do nosso corpo e mente, a

única possibilidade que resta é que o *eu* seja algo separado do nosso corpo e da nossa mente. Se este for o caso, devemos ser capazes de apreender o nosso *eu* sem que o nosso corpo ou a nossa mente apareçam; mas, se imaginarmos que o nosso corpo e a nossa mente desapareceram por completo, não terá restado coisa alguma que possa ser chamada de nosso *eu*. Portanto, segue-se que o nosso *eu* não é separado do nosso corpo e mente.

Devemos imaginar que o nosso corpo gradualmente desaparece, como se dissolvesse no ar; em seguida, nossa mente se dissolve, nossos pensamentos se dispersam com o vento e nossos sentimentos, desejos e percepções se dissolvem em um vazio. Restou algo que seja o nosso *eu*? Não restou coisa alguma. Fica claro que o nosso *eu* não é algo separado do nosso corpo e da nossa mente.

Examinamos todas as quatro possibilidades e não conseguimos encontrar o nosso *eu*, ou *self*. Visto que já havíamos decidido que não existe uma quinta possibilidade, devemos concluir que o nosso *eu*, ao qual normalmente nos aferramos e apreciamos, não existe de modo algum. Onde anteriormente aparecia um *eu* inerentemente existente, aparece agora uma ausência desse *eu*. Essa ausência de um *eu* inerentemente existente é vacuidade, a verdade última.

PRIMEIRA MEDITAÇÃO

Fazemos essa contemplação desse modo, até que nos apareça uma imagem genérica, ou mental, da ausência do nosso *self* que normalmente percebemos. Essa imagem é o nosso objeto da meditação posicionada. Devemos tentar nos familiarizar totalmente com ela, meditando de modo contínuo e estritamente focados pelo maior tempo possível.

Porque temos nos agarrado ao nosso *eu* inerentemente existente desde tempos sem início e apreciado profundamente esse *eu* acima de qualquer outra coisa, a experiência de não conseguir encontrar nosso *self* durante a meditação pode, no início, ser um tanto chocante. Algumas pessoas desenvolvem medo, pensando "eu me tornei completamente não-existente". Outras sentem grande alegria, como se a fonte de todos os seus problemas tivesse desaparecido. Ambas as reações são bons sinais e indicam uma meditação correta. Pouco depois, essas reações iniciais diminuirão e nossa mente irá se acomodar num estado mais equilibrado. Seremos então capazes de meditar na vacuidade do nosso *self* de uma maneira calma e controlada.

Devemos permitir que nossa mente se absorva na vacuidade semelhante-ao-espaço pelo maior tempo possível. É importante lembrar que o nosso objeto é a vacuidade, a mera ausência do nosso *self* que normalmente percebemos, e não um mero nada ou inexistência. De vez em quando, devemos verificar nossa meditação, aplicando vigilância. Se a nossa mente se desviou para outro objeto, ou se tivermos perdido o significado da vacuidade e estivermos focados em um mero nada ou inexistência, devemos retornar às contemplações para trazer a vacuidade do nosso *self*, mais uma vez e de modo claro, à nossa mente.

Podemos questionar: "Se o meu *self* que normalmente vejo não existe, então, quem está meditando? Quem sairá da meditação, falará com os outros e responderá quando o meu nome for chamado?". Embora o nosso *self* que normalmente vemos não exista, isso não significa que o nosso *self* não existe de modo algum. Nós existimos como uma mera designação, ou imputação. Desde que fiquemos satisfeitos com a mera designação, ou imputação, do nosso "*self*", não há problema. Podemos pensar "eu existo", "eu estou indo para a cidade", e assim por diante. O problema surge apenas quando procuramos por nosso *self* que seja diferente da mera designação, ou imputação, conceitual "*eu*", nosso "*self*". A nossa mente se agarra a um *eu* que existe essencialmente, independentemente de designação conceitual, como se houvesse um *eu* "real" existindo por detrás do rótulo. Se existisse um *eu* assim, seríamos capazes de encontrá-lo, mas vimos que o nosso *eu* não pode ser encontrado por investigação. A conclusão da nossa busca foi uma total e definitiva impossibilidade de encontrar o nosso *self*. Essa impossibilidade de encontrar o nosso *self* – a sua inencontrabilidade – é a vacuidade do nosso *self*, a natureza última do nosso *self*. O nosso *self* que existe como mera designação, ou imputação, é o nosso *self* existente.

SEGUNDA CONTEMPLAÇÃO

A vacuidade do corpo

Identificar o objeto a ser negado

A maneira de meditar na vacuidade do corpo é semelhante à maneira de meditar na vacuidade do *eu*. Primeiro, precisamos identificar o objeto a ser negado.

Normalmente, quando pensamos "meu corpo", o que aparece à nossa mente é um corpo que existe do seu próprio lado e que é uma entidade única, não dependente de suas partes. Um corpo como esse é o objeto a ser negado e é não-existente. "Corpo verdadeiramente existente", "corpo inerentemente existente", "corpo que existe do seu próprio lado" e "corpo que normalmente vemos" são sinônimos – todos têm o mesmo significado, e todos são objetos a serem negados.

Refutar o objeto negado

Se o corpo existe do modo como aparece, ele precisa existir num destes dois modos: como suas partes ou separado de suas partes; não há uma terceira possibilidade.

Se o corpo for as suas partes, será ele as partes individuais ou a coleção, ou conjunto, de suas partes? Se o corpo for as partes individuais, será ele as mãos, o rosto, a pele, os ossos, a carne ou os órgãos internos? Por meio de verificar cuidadosamente "será a cabeça o corpo?", "será a carne o corpo?" e assim por diante, veremos facilmente que nenhuma das partes individuais do corpo é o corpo.

Se o corpo não é nenhuma de suas partes individuais, será ele a coleção, ou conjunto, de suas partes? A coleção das partes do corpo não pode ser corpo. Por quê? As partes do corpo são, todas, *não-corpos*; portanto, como pode uma coleção de *não-corpos* ser um corpo? As mãos, os pés e assim por diante são, todos, partes do corpo, mas não o corpo ele próprio. Embora todas essas partes estejam reunidas, essa coleção permanece simplesmente como *partes* - ela não se transforma, magicamente, na parte-possuidora: o corpo.

Devemos recordar como o nosso corpo aparece para nós quando ele é elogiado ou insultado. Ele *aparece* ser, do seu próprio lado, uma unidade distinta. Ele não aparece como algo que é meramente designado como uma unidade, mas que, na verdade, é composto de muitas partes separadas, assim como uma floresta ou um rebanho de vacas o são. Embora o corpo apareça como uma entidade singular, que existe do seu próprio lado sem depender dos membros, do tronco e da cabeça, na verdade ele é meramente designado à coleção, ou conjunto, dessas partes. O conjunto das partes do corpo é uma agregação de muitos elementos distintos que funcionam juntos. Essa agregação pode ser pensada como uma unidade, mas essa unidade não tem existência independente de suas partes constituintes.

Se o corpo não é as suas partes, a única outra possibilidade é que ele existe separado de suas partes; mas, se todas as partes do corpo desaparecessem, não restaria coisa alguma que pudesse ser chamada de corpo. Devemos imaginar que todas as partes do nosso corpo convertem-se em luz e desaparecem. Primeiro, a pele se dissolve; depois, a carne, o sangue e os órgãos interiores; e, por fim, o esqueleto converte-se em luz e desaparece. Restou algo que seja o nosso corpo? Não restou coisa alguma. Não há corpo separado de suas partes.

Esgotamos agora todas as possibilidades. O corpo não é suas partes e não existe separado de suas partes. Claramente, o corpo não pode ser encontrado. Onde anteriormente aparecia um corpo inerentemente existente, aparece agora uma ausência desse corpo. Essa ausência de um corpo inerentemente existente é a vacuidade do corpo.

SEGUNDA MEDITAÇÃO

Reconhecendo essa ausência como sendo a carência de um corpo inerentemente existente, meditamos estritamente focados nela. Uma vez mais, devemos examinar nossa meditação com vigilância, para nos certificarmos de que estamos meditando na vacuidade do corpo, e não em um nada ou inexistência. Se perdermos o significado da vacuidade, devemos retornar às contemplações para restabelecê-la.

Do mesmo que com o *eu*, o fato de que o corpo não pode ser encontrado a partir de investigação não implica que o corpo não exista de modo algum. O corpo existe, mas apenas como uma designação, ou imputação, convencional. De acordo com a convenção aceita, podemos designar "corpo" à reunião de membros, tronco e cabeça; mas, se tentarmos apontar o corpo, esperando encontrar um fenômeno substancialmente existente ao qual a palavra "corpo" se refira, não encontraremos corpo. Essa impossibilidade de encontrar o corpo – a sua inencontrabilidade – é a vacuidade do corpo, a natureza última do corpo. O corpo que existe como mera designação, ou mera imputação, é a natureza convencional do corpo.

Embora seja incorreto afirmar que o corpo é idêntico à coleção (ou conjunto) de membros, tronco e cabeça, não há falha alguma em dizer que o corpo é designado a esse conjunto. Embora as partes do corpo sejam *muitas*, o corpo é *singular*, ou seja, único. "Corpo" é simplesmente uma designação feita pela mente que designa *corpo*. Ele não existe do lado do objeto. Não há falha alguma em designar um fenômeno singular a um grupo de muitas coisas. Por exemplo, podemos designar o termo singular "floresta" a um grupo de muitas árvores, ou "rebanho" a um grupo de muitas vacas.

Todos os fenômenos existem por meio de convenção; nada é inerentemente existente. Isto se aplica à mente, a Buda e até mesmo à vacuidade. Tudo é meramente designado pela mente. Todos os fenômenos têm partes – os fenômenos físicos têm partes físicas, e os fenômenos não físicos têm várias partes, ou atributos, que podem ser distinguidos pelo pensamento. Utilizando o mesmo tipo de raciocínio acima, podemos compreender que nenhum fenômeno é uma de suas partes, nem a coleção de suas partes, e não é separado de suas partes. Desse modo, podemos compreender e realizar a vacuidade de todos os fenômenos, a mera ausência de todos os fenômenos que normalmente vemos ou percebemos.

É particularmente útil meditar na vacuidade dos objetos que fazem surgir fortes delusões em nós, como apego e raiva. Ao analisar corretamente, compreenderemos que o objeto que desejamos, ou o objeto pelo qual temos aversão, não existe do seu próprio lado. Sua beleza ou feiura, e até mesmo sua própria existência, são designadas, ou imputadas, pela mente. Pensando desse modo, descobriremos que não existe base para apego ou raiva.

Apêndice VII

O Estilo de Vida Kadampa

A PRÁTICA ESSENCIAL DO LAMRIM KADAM

Introdução

Esta prática essencial do Lamrim Kadam, conhecida como *O Estilo de Vida Kadampa*, contém dois textos: *Conselhos do Coração de Atisha* e *Os Três Aspectos Principais do Caminho para a iluminação*, este último de Je Tsongkhapa. O primeiro condensa o estilo de vida dos antigos praticantes kadampa, cujo exemplo de pureza e sinceridade devemos todos tentar imitar. O segundo texto é um profundo guia para a meditação nas etapas do caminho, o Lamrim, que Je Tsongkhapa escreveu com base nas instruções recebidas diretamente do Buda da Sabedoria Manjushri.

Se nos esforçarmos, no melhor de nossa capacidade, para colocar os conselhos de Atisha em prática, e meditarmos no Lamrim de acordo com as instruções de Je Tsongkhapa, desenvolveremos uma mente pura e feliz e progrediremos gradualmente em direção à paz suprema da plena iluminação. Como o Bodhisattva Shantideva diz:

> Na dependência desta forma humana, semelhante a um barco,
> Podemos cruzar o grande oceano de sofrimento.
> Uma vez que uma embarcação como esta será difícil
> de encontrar novamente,
> Não é hora de dormir, ó tolos!

Praticar desse modo é a verdadeira essência do estilo de vida kadampa.

Geshe Kelsang Gyatso
1994

Conselhos do Coração de Atisha

***Quando Venerável Atisha** chegou ao Tibete, ele foi primeiro para Ngari, onde permaneceu por dois anos dando muitos ensinamentos aos discípulos de Jangchub Ö. Após dois anos, Atisha decidiu retornar à Índia, e Jangchub Ö solicitou-lhe que desse um último ensinamento antes de partir. Atisha respondeu que já havia dado todos os conselhos de que necessitavam, mas Jangchub Ö insistiu em seu pedido; por essa razão, Atisha aceitou o pedido e deu os seguintes conselhos.*

Que maravilhoso!

Amigos, já que vocês já possuem grande conhecimento e clara compreensão, ao passo que não possuo importância alguma e tenho pouca sabedoria, não é adequado para vocês que me peçam conselhos. No entanto, uma vez que vocês, queridos amigos, a quem aprecio de coração, fizeram esse pedido, eu lhes darei estes conselhos essenciais vindos de minha mente inferior e infantil.

Amigos, até que alcancem a iluminação, o professor espiritual é indispensável; portanto, confiem no sagrado Guia Espiritual.

Até que realizem a verdade última, ouvir é indispensável; portanto, ouçam as instruções do Guia Espiritual.

Já que não podem tornar-se um Buda meramente por compreender o Dharma, pratiquem sinceramente com discernimento.

Evitem lugares que perturbem sua mente e sempre permaneçam onde suas virtudes aumentem.

Até que alcancem realizações estáveis, diversões mundanas são prejudiciais; portanto, permaneçam em lugares onde não haja tais distrações.

Evitem amigos que fazem com que suas delusões aumentem, e confiem naqueles que aumentam suas virtudes. Isto vocês devem levar a sério.

Já que nunca há um momento no qual as atividades mundanas cheguem ao fim, limitem suas atividades.

Dediquem suas virtudes ao longo do dia e da noite, e sempre vigiem sua mente.

Por terem recebido conselhos pratiquem, toda vez que não estiverem meditando, sempre de acordo com o que seu Guia Espiritual disse.

Se praticarem com grande devoção, resultados surgirão imediatamente, sem que tenham que esperar por muito tempo.

Se, do fundo dos seus corações, vocês praticarem de acordo com o Dharma, comida e recursos naturalmente chegarão às suas mãos.

Amigos, as coisas que desejam dão tanta satisfação quanto beber água do mar; portanto, pratiquem contentamento.

Evitem todas as mentes altivas, presunçosas, orgulhosas e arrogantes, e permaneçam pacíficos e mansos.

Evitem as atividades que são consideradas como meritórias, mas que, na verdade, são obstáculos ao Dharma.

Proveito e respeito são armadilhas dos maras; portanto, coloquem--nas de lado, como se fossem pedras no caminho.

Palavras de elogio e fama servem apenas para nos seduzir; assim, soprem-nas como se assoassem o nariz.

Já que a felicidade, os prazeres e os amigos que vocês reúnem nesta vida duram somente um instante, coloquem-nos todos em segundo plano.

Já que as vidas futuras duram por um tempo muito longo, reúnam riquezas para suprir o futuro.

Vocês terão de partir deixando tudo para trás; portanto, não se apeguem a nada.

Gerem compaixão pelos seres inferiores e, especialmente, evitem desprezá-los ou humilhá-los.

Não tenham ódio pelos inimigos, e nem apego pelos amigos.

Não fiquem com inveja das boas qualidades dos outros, mas, por admiração, adotem-nas pessoalmente.

Não procurem falhas nos outros; procurem falhas em vocês mesmos e purguem-nas como sangue ruim.

Não contemplem suas boas qualidades; contemplem as boas qualidades dos outros e respeitem todos como um servo o faria.

Considerem todos os seres vivos como seus pais e mães, e amem-nos como se vocês fossem filhos deles.

Mantenham sempre uma expressão sorridente e uma mente amorosa, e falem de modo sincero e sem maldade.

Se falarem muito, dizendo coisas com pouco significado, vocês irão cometer equívocos; portanto, falem com moderação e somente quando necessário.

Se vocês se envolverem em muitas atividades sem sentido, suas atividades virtuosas irão se degenerar; portanto, interrompam as atividades que não sejam espirituais.

É completamente sem sentido investir esforço em atividades que não têm essência.

Se as coisas que vocês desejam não se realizam é devido ao carma criado há muito tempo; portanto, mantenham uma mente feliz e descontraída.

Cuidado, ofender um ser sagrado é pior que morrer; portanto, sejam honestos e francos.

Já que toda felicidade e sofrimento desta vida surgem de ações passadas, não culpem os outros.

Toda felicidade vem das bênçãos de seu Guia Espiritual; portanto, retribuam sempre sua bondade.

Já que não podem domar as mentes dos outros até que tenham domado a de vocês próprios, comecem domando a própria mente de vocês.

Já que, por fim, terão que partir sem a riqueza que acumularam, não acumulem negatividade em nome de riqueza.

Prazeres distrativos não têm essência; portanto, pratiquem generosidade sinceramente.

Mantenham sempre disciplina moral pura, pois ela leva a ter beleza nesta vida e felicidade desde agora e nas vidas futuras.

Já que o ódio é abundante nestes tempos impuros, vistam a armadura da paciência, livres de raiva.

Vocês permanecem no samsara devido ao poder da preguiça; portanto, acendam a chama do esforço de aplicação.

Já que esta vida humana é desperdiçada por sermos complacentes com as distrações, agora é a hora de praticar concentração – tranquilo-permanecer.

Por estarem sob a influência de visões errôneas, vocês não compreendem a natureza última das coisas; portanto, investiguem os significados corretos.

Amigos, não há felicidade neste pântano do samsara; por isso, mudem-se para o solo firme da libertação.

Meditem de acordo com o conselho de seu Guia Espiritual e drenem o rio do sofrimento samsárico.

Vocês devem refletir muito sobre tudo isto, pois não são apenas palavras vindas da boca, mas conselhos sinceros vindos do coração.

Se praticarem desse modo, vocês irão me deleitar, e vocês irão trazer felicidade para vocês mesmos e para os outros.

Eu, que sou um ignorante, peço a vocês que guardem esses conselhos no coração.

Esses são os conselhos que o ser sagrado Venerável Atisha deu ao Venerável Jangchub Ö.

Os Três Aspectos Principais do Caminho para a Iluminação

pelo Buda da Sabedoria Je Tsongkhapa

Homenagem ao Venerável Guia Espiritual.

Explicarei, com o melhor de minha habilidade,
O significado essencial dos ensinamentos de todos os Budas [renúncia],
O caminho principal dos Bodhisattvas, que têm compaixão por todos os seres vivos [bodhichitta],
E o caminho último dos afortunados que buscam a libertação [a visão correta da vacuidade].

Tu não deves estar apegado aos prazeres mundanos,
Mas empenhar-te para encontrar o verdadeiro significado da vida humana
Por ouvir e praticar as instruções dadas aqui,
As quais todos os Budas anteriores praticaram com deleite.

O apego à satisfação dos teus próprios desejos, o desejo descontrolado,
É a causa principal de todos os teus próprios problemas e sofrimentos,
E não há método para abandoná-lo sem, primeiro, desenvolver renúncia.
Portanto, deves aplicar grande esforço para desenvolver e manter renúncia pura.

Quando, por meio do treino diário, gerares os pensamentos espontâneos:
"Pode ser que eu morra hoje" e "Uma preciosa vida humana é tão rara",
E meditares na verdade do carma e nos sofrimentos do ciclo de vida impura, o samsara,
O teu apego aos prazeres mundanos cessará.

Desse modo, quando o desejo descontrolado por prazeres mundanos
Não surgir sequer por um momento,
Mas uma mente ávida por libertação – nirvana – surgir ao longo do dia e da noite,
Nesse momento, renúncia pura terá sido gerada.

No entanto, se essa renúncia não for mantida
Pela compassiva mente de bodhichitta,
Ela não será uma causa da felicidade insuperável, a iluminação;
Portanto, deves aplicar esforço para gerar a preciosa mente de bodhichitta.

Arrastadas pelas correntezas dos quatro poderosos rios [nascimento, envelhecimento, doença e morte],
Acorrentadas firmemente pelos grilhões do carma, tão difíceis de soltar,
Capturadas na rede de ferro do agarramento ao em-si,
Completamente envoltas pela densa escuridão da ignorância,

Renascendo muitas e muitas vezes no ilimitado samsara
E atormentadas ininterruptamente pelos três sofrimentos [sensações dolorosas, sofrimento-que-muda e sofrimento-que-permeia] –
Por contemplares o estado das tuas mães, todos os seres vivos, em condições como essas,
Gera a suprema mente de bodhichitta.

Porém, embora possas estar familiarizado com renúncia e bodhichitta,
Se não possuíres a sabedoria que realiza o modo como as coisas realmente são,
Não serás capaz de cortar a raiz do samsara;
Portanto, empenha-te de modo a realizares a relação-dependente.

Quando vires claramente os fenômenos – como o samsara e o nirvana, e causa e efeito – tal como existem
E, ao mesmo tempo, vires que todos os fenômenos que normalmente vês ou percebes não existem
Terás ingressado no caminho da visão correta da vacuidade,
Deleitando, assim, todos os Budas.

Se perceberes e acreditares que a aparência – os fenômenos –
E o vazio – a vacuidade dos fenômenos –
São duais,
Não terás, ainda, realizado a intenção de Buda.

Se, por apenas veres que as coisas existem
Na dependência dos seus meros nomes,
O teu agarramento ao em-si reduzir ou cessar,
Nesse momento, concluíste a tua compreensão da vacuidade.

Além disso, se negares o extremo da existência
Através de simplesmente realizares que os fenômenos são apenas meras aparências,
E se negares o extremo da não-existência
Através de simplesmente realizares que todos os fenômenos que normalmente vês ou percebes não existem,

E se realizares como, por exemplo, a vacuidade de causa e efeito
É percebida como causa e efeito,
Porque não existe causa e efeito que não vacuidade,
Com essas realizações, tu não serás prejudicado pela visão extrema.

Quando, desse modo, tiveres realizado corretamente os pontos essenciais
Dos três aspectos principais do caminho,
Caro amigo, recolhe-te em retiro solitário, gera e mantém forte esforço
E alcança, rapidamente, a meta final.

Cólofon: Ambos os textos foram traduzidos sob a orientação compassiva de Venerável Geshe Kelsang Gyatso Rinpoche.

Glossário

Ações não-virtuosas Caminhos que levam aos reinos inferiores. As ações não-virtuosas são incontáveis, mas a maioria delas está incluída nestas dez: matar, roubar, má conduta sexual, mentir, discurso divisor, discurso ofensivo, conversa não-significativa, cobiça, maldade e sustentar visões errôneas. Consultar *Caminho Alegre da Boa Fortuna.*

Agarramento ao em-si Mente conceitual que considera, ou sustenta, qualquer fenômeno como sendo inerentemente existente. A mente de agarramento ao em-si dá origem a todas as demais delusões, como a raiva e o apego. É a causa-raiz de todo sofrimento e insatisfação. Consultar *Novo Coração de Sabedoria* e *Oceano de Néctar.*

Apego Fator mental deludido que observa seu objeto contaminado, considera-o como causa de felicidade e deseja-o. Consultar *Caminho Alegre da Boa Fortuna* e *Como Entender a Mente.*

Atisha (982–1054) Famoso erudito budista e mestre de meditação indiano. Foi abade do grande monastério budista de Vikramashila durante o período em que o Budismo Mahayana florescia na Índia. Posteriormente, foi convidado a ir ao Tibete, onde reintroduziu o puro Budismo. Atisha é o autor do primeiro texto sobre as etapas do caminho, *Lâmpada para o Caminho para a Iluminação.* Sua tradição ficou conhecida posteriormente como "a Tradição Kadampa". Consultar *Budismo Moderno* e *Caminho Alegre da Boa Fortuna.*

Bênção Transformação da nossa mente (de um estado negativo para um estado positivo, de um estado infeliz para um estado feliz, de um estado de fraqueza para um estado de vigor) através da inspiração dos seres sagrados, tais como o nosso Guia Espiritual, Budas e Bodhisattvas.

Bodhichitta Palavra sânscrita para "mente de iluminação". *Bodhi* significa "iluminação", e *chitta* significa "mente". Existem dois tipos de bodhichitta: bodhichitta convencional e bodhichitta última. Em linhas gerais, o termo "bodhichitta" refere-se à bodhichitta convencional, que é uma mente primária motivada por grande compaixão que busca espontaneamente a iluminação para beneficiar todos os seres vivos. Há dois tipos de bodhichitta convencional: a bodhichitta aspirativa e a bodhichitta de compromisso. A bodhichitta aspirativa é uma bodhichitta que é o mero desejo de alcançar a iluminação para o benefício de todos os seres vivos. A bodhichitta de compromisso é uma bodhichitta mantida pelos votos bodhisattva. A bodhichitta última é uma sabedoria que, motivada pela bodhichitta convencional, realiza diretamente a vacuidade, a natureza última dos fenômenos. Em geral, há dois métodos para desenvolver a bodhichitta convencional: um, o método sétuplo de causa e efeito, e o outro, o método de equalizar eu com outros e de trocar eu por outros. O sistema apresentado em *Novo Manual de Meditação* é uma síntese dessas duas tradições. Ver também método sétuplo de causa e efeito. Consultar *Budismo Moderno*, *Caminho Alegre da Boa Fortuna*, *Novo Oito Passos para a Felicidade* e *Contemplações Significativas*.

Bodhisattva Uma pessoa que gerou a bodhichitta espontânea, mas que ainda não se tornou um Buda. A partir do momento que um praticante gera a bodhichitta não-artificial, ou espontânea, ele, ou ela, torna-se um Bodhisattva e ingressa no primeiro Caminho Mahayana, o Caminho da Acumulação. Um Bodhisattva comum é um Bodhisattva que não realizou a vacuidade diretamente, e um Bodhisattva superior é um Bodhisattva que obteve uma realização direta da vacuidade. Consultar *Caminho Alegre da Boa Fortuna* e *Contemplações Significativas.*

Buda Em geral, "Buda" significa "O Desperto", alguém que despertou do sono da ignorância e vê as coisas como realmente são. Um Buda é uma pessoa completamente livre de todas as falhas e obstruções mentais. Todo ser vivo tem o potencial para se tornar um Buda. Consultar *Caminho Alegre da Boa Fortuna.*

Buda Shakyamuni O Buda que é o fundador da religião budista. Consultar *Introdução ao Budismo.*

Budadharma Ver Dharma.

Budeidade Sinônimo de plena iluminação. Ver iluminação.

Budista Qualquer pessoa que, do fundo de seu coração, busque refúgio nas Três Joias – a Joia Buda, a Joia Dharma e a Joia Sangha. Consultar *Introdução ao Budismo.*

Carma Termo sânscrito que significa "ação". Por força da intenção, fazemos ações com nosso corpo, fala e mente, e todas essas ações produzem efeitos. O efeito das ações virtuosas é felicidade, e o efeito das ações negativas é sofrimento. Consultar *Caminho Alegre da Boa Fortuna.*

Clara-luz Uma mente muito sutil manifesta, que percebe uma aparência semelhante a um espaço vazio e claro. Consultar *Clara-Luz de Êxtase, Mahamudra-Tantra, Budismo Moderno* e *Solos e Caminhos Tântricos.*

Clarividência Habilidade que surge de concentração especial. Existem cinco tipos principais de clarividência: a clarividência do olho divino (a habilidade de ver formas sutis e distantes), a clarividência do ouvido divino (a habilidade de escutar sons sutis e distantes), a clarividência de poderes miraculosos (a habilidade de emanar diversas formas por meio da mente), a clarividência de conhecer vidas anteriores, e a clarividência de conhecer a mente dos outros. Alguns seres, tais como os seres-do-bardo e alguns seres humanos e espíritos, têm clarividência contaminada, desenvolvida devido ao carma, mas esse tipo de clarividência não é verdadeira clarividência.

Concentração Fator mental que faz sua mente primária permanecer estritamente focada em seu objeto. Consultar *Caminho Alegre da Boa Fortuna* e *Como Entender a Mente.*

Confissão Purificação de carma negativo por meio dos quatro poderes oponentes – o poder da confiança, o poder do arrependimento, o poder da força oponente e o poder da promessa. Consultar *O Voto Bodhisattva* e *Compaixão Universal.*

Consciência As seis consciências, ou seis mentes primárias, são: consciência visual, consciência auditiva, consciência olfativa, consciência gustativa, consciência corporal, ou tátil, e consciência mental. Consultar *Como Entender a Mente.*

Conscienciosidade Fator mental que, na dependência do esforço, aprecia o que é virtuoso e protege a mente contra delusão e não-virtude. Consultar *Contemplações Significativas* e *Como Entender a Mente.*

Contentamento Sentir-se satisfeito com suas próprias condições interiores e exteriores, motivado por uma intenção virtuosa.

Contínua-lembrança (mindfulness) Fator mental que atua, ou funciona, para não esquecer o objeto compreendido pela mente primária. Consultar *Como Entender a Mente.*

Dedicatória A dedicatória é, por natureza, um fator mental virtuoso; é a intenção virtuosa que atua para impedir que a virtude acumulada se degenere, bem como para causar seu aumento. Consultar *Caminho Alegre da Boa Fortuna.*

Delusão Fator mental que surge de atenção imprópria e que atua tornando a mente perturbada e descontrolada. Existem três delusões principais: ignorância, apego desejoso e raiva. Delas, surgem todas as demais delusões, como inveja (ou ciúme), orgulho e dúvida deludida. Consultar *Caminho Alegre da Boa Fortuna* e *Como Entender a Mente.*

Designação, mera (imputação, mera) De acordo com a elevada escola de filosofia budista, a escola Madhyamika-Prasangika, todos os fenômenos são meramente designados, ou imputados, por concepção na dependência de suas bases de designação, ou bases de imputação. Por essa razão, eles são meras designações e não existem, minimamente, do seu próprio lado. Consultar *Como Transformar a sua Vida* e *Novo Coração de Sabedoria.*

Dharma Os ensinamentos de Buda e as realizações interiores obtidas na dependência da prática desses ensinamentos. "Dharma" significa "proteção". Por praticar os ensinamentos de Buda, protegemo-nos de sofrimentos e problemas.

Disciplina moral Uma determinação mental virtuosa de abandonar qualquer falha, ou uma ação física ou verbal motivada por essa determinação. Consultar *Caminho Alegre da Boa Fortuna* e *Contemplações Significativas.*

Estágio de conclusão Realizações de Tantra Ioga Supremo desenvolvidas na dependência de os ventos entrarem, permanecerem e se dissolverem no canal central por força de meditação. Consultar *Clara-Luz de Êxtase, Mahamudra-Tantra, Budismo Moderno* e *Solos e Caminhos Tântricos.*

Etapas do caminho Ver Lamrim.

Fé Fator mental que atua, principalmente, para eliminar a antifé. A fé é uma mente naturalmente virtuosa que atua, principalmente, para se opor à percepção de falhas no seu objeto observado. Existem três tipos de fé: fé de acreditar, fé de admirar e fé de almejar.

Consultar *Budismo Moderno*, *Como Transformar a sua Vida* e *Caminho Alegre da Boa Fortuna*.

Felicidade Existem dois tipos de felicidade: mundana e supramundana. Felicidade mundana é a felicidade limitada que pode ser encontrada no samsara, como a felicidade dos seres humanos e deuses. Felicidade supramundana é a felicidade pura da libertação e da iluminação.

Geshe Título concedido pelos monastérios kadampa para eruditos budistas realizados. "Geshe" é uma abreviação de *ge wai she nyen*, que, em tibetano, significa literalmente "amigo virtuoso".

Guia Espiritual *Guru*, em sânscrito, e *Lama*, em tibetano. O professor que nos guia ao longo do caminho espiritual. Consultar *Caminho Alegre da Boa Fortuna* e *Grande Tesouro de Mérito*.

Guru Ver Guia Espiritual.

Iluminação Sabedoria onisciente, livre de todas as aparências equivocadas. Consultar *Como Transformar a sua Vida* e *Caminho Alegre da Boa Fortuna*.

Imagem genérica O objeto aparecedor de uma mente conceitual. Uma imagem genérica, ou imagem mental, de um objeto é como o reflexo desse objeto. As mentes conceituais conhecem o seu objeto por meio do aparecimento da imagem genérica do objeto, e não porque veem o objeto diretamente. Consultar *Como Entender a Mente*.

Imagem mental Ver imagem genérica.

Imputação, mera Ver designação, mera.

Intenção superior A determinação, motivada por grande compaixão, de responsabilizar-se pessoalmente por libertar os outros do sofrimento e conduzi-los à felicidade perfeita. Consultar *Caminho Alegre da Boa Fortuna*.

Je Tsongkhapa (1357–1419) Uma emanação do Buda da Sabedoria Manjushri, cuja aparição no Tibete, no século XIV, como um monge e detentor da linhagem da visão pura e de feitos puros, foi profetizada por Buda. Je Tsongkhapa difundiu um Budadharma muito puro por todo o Tibete, mostrando como combinar as práticas de Sutra e de Tantra e como praticar o puro Dharma durante tempos degenerados. Sua tradição ficou conhecida posteriormente como "Gelug", ou "Tradição Ganden". Consultar *Joia-Coração* e *Grande Tesouro de Mérito*.

Joia-que-satisfaz-os-desejos Uma joia legendária que, assim como a lâmpada de Aladim, concede o que quer que se deseje.

Kadampa Palavra tibetana na qual *Ka* significa "palavra" e refere-se aos ensinamentos de Buda; *dam* refere-se às instruções especiais de Lamrim de Atisha, conhecidas como "as etapas do caminho para a iluminação"; e *pa* refere-se ao seguidor do Budismo Kadampa, que integra em sua prática de Lamrim todos os ensinamentos de Buda que ele conhece. Consultar *Budismo Moderno*.

Lamrim Termo tibetano que significa, literalmente, "etapas do caminho". O Lamrim é uma organização especial de todos os ensinamentos de Buda, que é fácil de compreender e de colocar em prática. Ele revela todas as etapas do caminho para a iluminação. Também conhecido como "Lamrim Kadam". Para um comentário completo ao Lamrim, consultar *Caminho Alegre da Boa Fortuna*.

Mahayana Termo sânscrito para "Grande Veículo", o caminho espiritual para a grande iluminação. A meta mahayana é alcançar a Budeidade para o benefício de todos os seres sencientes, por meio de abandonar completamente as delusões e suas marcas. Consultar *Caminho Alegre da Boa Fortuna* e *Contemplações Significativas*.

Maleabilidade Existem dois tipos de maleabilidade: física e mental. A maleabilidade mental é uma flexibilidade da mente induzida por concentração virtuosa. A maleabilidade física é um objeto tátil flexível e leve, dentro do nosso corpo, que se desenvolve quando a meditação faz com que um vento puro permeie o corpo. Consultar *Como Entender a Mente.*

Manjushri A corporificação da sabedoria de todos os Budas. Consultar *Grande Tesouro de Mérito* e *Joia-Coração.*

Mantra Termo sânscrito que significa, literalmente, "proteção da mente". O mantra protege a mente contra aparências e concepções comuns. Existem quatro tipos de mantra: mantras que são mente, mantras que são vento interior, mantras que são som e mantras que são forma. Em geral, existem três tipos de recitação de mantra: recitação verbal, recitação mental e recitação vajra. Consultar *Solos e Caminhos Tântricos.*

Marca Existem dois tipos de marca: marcas das ações e marcas das delusões. Cada ação que fazemos deixa uma marca na consciência mental, e essas marcas são potenciais cármicos para experienciar determinados efeitos no futuro. As marcas deixadas pelas delusões permanecem mesmo depois de as próprias delusões terem sido abandonadas, do mesmo modo que o cheiro de alho permanece num recipiente depois de o alho ter sido removido. As marcas das delusões são obstruções à onisciência e são totalmente abandonadas apenas pelos Budas.

Mente Aquilo que é clareza e que conhece. A mente é clareza porque ela sempre carece de forma [isto é, de características físicas] e porque possui o poder efetivo para perceber objetos. A mente conhece porque sua função é conhecer ou perceber objetos. Consultar *Como Entender a Mente, Clara-Luz de Êxtase* e *Mahamudra-Tantra.*

Mente conceitual Pensamento que apreende seu objeto por meio de uma imagem genérica, ou mental. Consultar *Como Entender a Mente.*

Mente não-conceitual Conhecedor para o qual seu objeto aparece com clareza, sem estar misturado com uma imagem genérica. Consultar *Como Entender a Mente.*

Mera designação, mera imputação Ver designação, mera.

Mérito A boa fortuna criada pelas ações virtuosas. É o poder potencial para aumentar nossas boas qualidades e produzir felicidade.

Método sétuplo de causa e efeito Um método para gerar bodhichitta, no qual o amor afetuoso é desenvolvido, primeiramente, através de reconhecer que todos os seres sencientes são nossas mães e de relembrar a sua bondade. Consultar *Caminho Alegre da Boa Fortuna*.

Milarepa (1040–1123) Um grande meditador budista tibetano e discípulo de Marpa, célebre por suas belas canções de realização.

Monte Meru De acordo com a cosmologia budista, uma montanha divina que se ergue no centro do universo.

Natureza búdica A mente-raiz de um ser senciente e a natureza última dessa mente. *Semente búdica*, *natureza búdica* e *linhagem búdica* são sinônimos. Todos os seres sencientes possuem a natureza búdica e, portanto, têm o potencial para alcançar a Budeidade. Consultar *Mahamudra-Tantra*.

Nove permanências mentais Nove níveis de concentração que conduzem ao tranquilo-permanecer: posicionamento da mente; contínuo-posicionamento; reposicionamento; estreito posicionamento; controle; pacificação; completa pacificação; estritamente focado; e posicionamento em equilíbrio. Consultar *Caminho Alegre da Boa Fortuna* e *Contemplações Significativas*.

Poderes miraculosos Ver clarividência.

Postura vajra Uma postura perfeita para meditação, na qual as pernas estão cruzadas na postura vajra completa, com o pé esquerdo colocado com a sola voltada para cima sobre a coxa direita, e o pé direito com a sola voltada para cima sobre a coxa esquerda. A mão direita é colocada sobre a mão esquerda, com as palmas voltadas para cima, e os dois polegares levantados e tocando-se, na altura do umbigo. As costas ficam retas, e os ombros, nivelados. A boca fica suavemente fechada; a cabeça, ligeiramente inclinada para a frente; e os olhos, nem totalmente abertos nem totalmente fechados, mas ligeiramente abertos ou suavemente fechados. Consultar *Caminho Alegre da Boa Fortuna.*

Pratimoksha Palavra sânscrita que significa "libertação individual". Consultar *O Voto Bodhisattva.*

Purificação Em geral, qualquer prática que conduz à obtenção de um corpo, fala ou mente puros. Mais especificamente, uma prática para purificar carma negativo por meio dos quatro poderes oponentes. Consultar *Caminho Alegre da Boa Fortuna* e *O Voto Bodhisattva.*

Raiva Fator mental deludido que observa seu objeto contaminado, exagera suas más qualidades, considera-o indesejável ou desagradável e deseja prejudicá-lo. Consultar *Como Solucionar Nossos Problemas Humanos* e *Como Entender a Mente.*

Realização Experiência estável e não-equivocada de um objeto virtuoso, que nos protege diretamente do sofrimento.

Reino do desejo O ambiente dos seres-do-inferno, espíritos famintos, animais, seres humanos, semideuses e dos deuses que desfrutam dos cinco objetos de desejo.

Reino da forma O ambiente dos deuses que possuem forma e que são superiores aos deuses do reino do desejo. O reino da forma é assim denominado porque o agregado forma dos deuses que habitam esse reino é um agregado forma sutil. Consultar *Oceano de Néctar.*

Reino da sem-forma O ambiente dos deuses que não possuem forma.

Retiro Período durante o qual impomos várias restrições às nossas ações de corpo, fala e mente, de modo a sermos capazes de nos concentrar plenamente numa prática espiritual específica. Consultar *Joia-Coração.*

Roda-canal do coração A roda-canal (*chakra*, em sânscrito) localizada no nosso coração. Consultar *Clara-Luz de Êxtase*, *Mahamudra-Tantra* e *Solos e Caminhos Tântricos.*

Roda do Dharma Buda deu seus ensinamentos em três fases principais, conhecidas como "os três giros da Roda do Dharma". Durante o primeiro giro da Roda do Dharma, ele ensinou as Quatro Nobres Verdades; durante o segundo giro, ensinou os *Sutras Perfeição de Sabedoria* e revelou a visão Madhyamika-Prasangika; e durante o terceiro giro, Buda ensinou a visão Chittamatra. Esses ensinamentos foram dados de acordo com as inclinações e disposições de seus discípulos. A visão final e conclusiva de Buda é a do segundo giro da Roda do Dharma. O Dharma é comparado à preciosa roda, uma das posses de um legendário rei chakravatin. Essa roda podia transportar o rei por grandes distâncias num tempo muito curto, e diz-se que, para onde quer que a preciosa roda viajasse, o rei reinava nesse local. De modo semelhante, quando Buda revelou o caminho para a iluminação, ele disse ter "girado a Roda do Dharma" porque, onde quer que esses ensinamentos sejam apresentados, as mentes deludidas são colocadas sob controle.

Sangha De acordo com a tradição do Vinaya, Sangha é qualquer comunidade de quatro ou mais monges ou monjas plenamente ordenados. Em geral, pessoas ordenadas ou leigas que tomaram os votos bodhisattva ou os votos tântricos também podem ser chamadas de Sangha. Consultar *Caminho Alegre da Boa Fortuna.*

Ser senciente Ver ser vivo.

Ser superior *Arya*, em sânscrito. Ser que possui uma realização direta da vacuidade. Existem hinayanas superiores e mahayanas superiores.

Ser vivo Sinônimo de ser senciente. Ser vivo é qualquer ser que tenha uma mente que esteja contaminada pelas delusões ou pelas marcas das delusões. Tanto o termo "ser vivo" quanto "ser senciente" são utilizados para fazer a distinção entre os seres cujas mentes estão contaminadas por, pelo menos, uma dessas duas obstruções, e os Budas, cujas mentes são completamente livres dessas duas obstruções.

Shantideva (687–763) Grande erudito budista e mestre de meditação indiano. Escreveu *Guia do Estilo de Vida do Bodhisattva*. Consultar *Contemplações Significativas* e *Guia do Estilo de Vida do Bodhisattva*.

Sofrimento-que-muda Para os seres samsáricos, qualquer experiência de felicidade ou prazer que surge de prazeres samsáricos é sofrimento-que-muda. O motivo é que essas experiências são contaminadas e têm a natureza do sofrimento. Consultar *Caminho Alegre da Boa Fortuna*.

Sutra Os ensinamentos de Buda que são abertos para a prática de todos, sem necessidade de uma iniciação, ou transmissão de bênçãos especiais. Os ensinamentos de Sutra incluem os ensinamentos de Buda dos três giros da Roda do Dharma. Consultar *Budismo Moderno*.

Tantra Sinônimo de Mantra Secreto. Os ensinamentos tântricos diferem dos ensinamentos de Sutra por revelarem métodos para treinar a mente por meio de trazer o resultado futuro – a Budeidade – para o caminho presente. Os praticantes tântricos superam as aparências e concepções comuns por meio de visualizarem seu corpo, ambiente, prazeres e ações como sendo os de um Buda. O Tantra é o caminho supremo para a plena iluminação. As práticas tântricas devem ser feitas reservadamente e apenas por aqueles que receberam uma iniciação tântrica. Consultar *Mahamudra-Tantra*, *Budismo Moderno* e *Solos e Caminhos Tântricos*.

Tantra Ioga Supremo O supremo caminho rápido para a iluminação. Os ensinamentos sobre o Tantra Ioga Supremo são a intenção última de Buda. Consultar *Mahamudra-Tantra, Budismo Moderno* e *Solos e Caminhos Tântricos.*

Tempos sem início De acordo com a visão de mundo budista, não há um início para a mente e, portanto, não há um início para o tempo. Por esta razão, todos os seres vivos tiveram incontáveis renascimentos.

Terra Pura Ambiente, ou entorno, puro onde não há verdadeiros sofrimentos. Existem muitas Terras Puras. Por exemplo: Tushita é a Terra Pura de Buda Maitreya; Sukhavati é a Terra Pura de Buda Amitabha; e a Terra Dakini, ou Keajra, é a Terra Pura de Buda Vajrayogini e Buda Heruka. Consultar *Viver Significativamente, Morrer com Alegria* e *Novo Guia à Terra Dakini.*

Três Joias As Três Joias são os três objetos de refúgio: a Joia Buda, a Joia Dharma e a Joia Sangha. Eles são chamados de "Joias" porque são raros e preciosos. Consultar *Caminho Alegre da Boa Fortuna.*

Três aspectos principais do caminho, Os As realizações de renúncia, bodhichitta e a sabedoria que realiza a vacuidade. Consultar *Caminho Alegre da Boa Fortuna.*

Três treinos superiores São os treinos em disciplina moral, concentração e sabedoria, motivados por renúncia ou por bodhichitta. Consultar *Caminho Alegre da Boa Fortuna* e *Budismo Moderno.*

Vacuidade Ausência de existência inerente, a natureza última dos fenômenos. Consultar *Novo Coração de Sabedoria, Budismo Moderno, Como Transformar a sua Vida* e *Oceano de Néctar.*

Vajra Em geral, a palavra sânscrita *vajra* significa "indestrutível como um diamante e poderoso como um raio". No contexto do Tantra, pode significar: a indivisibilidade de método e sabedoria;

a grande sabedoria onisciente; ou o grande êxtase espontâneo. É também o nome dado a um objeto ritual feito de metal. Consultar *Solos e Caminhos Tântricos.*

Vajradhara O fundador do Vajrayana, ou Tantra. Vajradhara é o mesmo *continuum* mental que Buda Shakyamuni, mostrando, porém, um aspecto diferente. Buda Shakyamuni aparece no aspecto de um Corpo-Emanação, ao passo que Conquistador Vajradhara aparece no aspecto de um Corpo-de-Deleite. Consultar *Grande Tesouro de Mérito.*

Vento de sustentação vital Um vento-energia interior que reside no chakra do coração. Esse vento tem três níveis: denso, sutil e muito sutil. É o vento muito sutil que viaja de uma vida para outra, sustentando a mente muito sutil. Consultar *Clara-Luz de Êxtase* e *Viver Significativamente, Morrer com Alegria.*

Ventos-energia Ver ventos interiores.

Ventos interiores Ventos sutis especiais relacionados com a mente e que fluem pelos canais do nosso corpo. Nosso corpo e nossa mente não podem funcionar sem esses ventos. Consultar *Clara-Luz de Êxtase, Budismo Moderno, Mahamudra-Tantra* e *Solos e Caminhos Tântricos.*

Vigilância Fator mental que é um tipo de sabedoria que examina nossas atividades de corpo, fala e mente e sabe se falhas estão se desenvolvendo ou não. Consultar *Como Entender a Mente.*

Voto Determinação virtuosa de abandonar falhas específicas e que é gerada em associação com um ritual tradicional. Os três conjuntos de votos são: os votos pratimoksha de libertação individual, os votos bodhisattva e os votos do Mantra Secreto, ou votos tântricos. Consultar *O Voto Bodhisattva* e *Solos e Caminhos Tântricos.*

Voto bodhisattva Ver voto.

Bibliografia

Venerável Geshe Kelsang Gyatso Rinpoche é um mestre de meditação e erudito altamente respeitado da tradição do Budismo Mahayana fundada por Je Tsongkhapa. Desde sua chegada ao Ocidente, em 1977, Venerável Geshe Kelsang Gyatso Rinpoche tem trabalhado incansavelmente para estabelecer o puro Budadharma no mundo inteiro. Durante esse tempo, deu extensos ensinamentos sobre as principais escrituras mahayana. Esses ensinamentos proporcionam uma apresentação completa das práticas essenciais de Sutra e de Tantra do Budismo Mahayana.

Consulte o *website* da Tharpa para conferir os títulos disponíveis em língua portuguesa.

Livros

Budismo Moderno O caminho da compaixão e sabedoria. (3ª edição, 2015)

Caminho Alegre da Boa Fortuna O caminho budista completo para a iluminação. (4ª edição, 2010)

Clara-Luz de Êxtase Um manual de meditação tântrica. (2020)

Como Entender a Mente A natureza e o poder da mente. (edição revista pelo autor, 2014. Edição anterior, com o título *Entender a Mente*, 2002)

Como Solucionar Nossos Problemas Humanos As Quatro Nobres Verdades. (4ª edição, 2012)

Como Transformar a sua Vida Uma jornada de êxtase. (edição revista pelo autor, 2017. Edição anterior, com o título *Transforme sua Vida*, 2014)

Compaixão Universal Soluções inspiradoras para tempos difíceis. (3ª edição, 2007)

Contemplações Significativas Como se tornar um amigo do mundo. (2009)

O Espelho do Dharma, com Adições Como Encontrar o Verdadeiro Significado da Vida Humana. (2019. Edição anterior, com o título *O Espelho do Dharma*, 2018)

Essência do Vajrayana A prática do Tantra Ioga Supremo do mandala de corpo de Heruka. (2017)

Grande Tesouro de Mérito Como confiar num Guia Espiritual. (2013)

Guia do Estilo de Vida do Bodhisattva Como desfrutar uma vida de grande significado e altruísmo. Uma tradução da famosa obra-prima em versos de Shantideva. (2ª edição, 2009)

Introdução ao Budismo Uma explicação do estilo de vida budista. (6ª edição, 2012)

As Instruções Orais do Mahamudra A verdadeira essência dos ensinamentos, de Sutra e de Tantra, de Buda (2016)

Joia-Coração As práticas essenciais do Budismo Kadampa. (2ª edição, 2016)

Mahamudra-Tantra O supremo néctar da Joia-Coração. (2ª edição, 2014)

Novo Coração de Sabedoria Uma explicação do Sutra Coração. (edição revista pelo autor, 2013. Edição anterior, com o título *Coração de Sabedoria*, 2005)

Novo Guia à Terra Dakini A prática do Tantra Ioga Supremo de Buda Vajrayogini. (edição revista pelo autor, 2015. Edição anterior, com o título *Guia à Terra Dakini*, 2001)

Novo Manual de Meditação Meditações para tornar nossa vida feliz e significativa. (3ª edição, 2021)

Novo Oito Passos para a Felicidade O caminho budista da bondade amorosa. (edição revista pelo autor, 2017. Edições anteriores, como

Oito Passos para a Felicidade: 2013 – também revista pelo autor – e 2007)

Oceano de Néctar A verdadeira natureza de todas as coisas. (2019)

Solos e Caminhos Tântricos Como ingressar, progredir e concluir o Caminho Vajrayana. (2016)

Viver Significativamente, Morrer com Alegria A prática profunda da transferência de consciência. (2007)

O Voto Bodhisattva Um guia prático para ajudar os outros. (3ª edição, 2021)

Sadhanas e outros Livretos

Venerável Geshe Kelsang Gyatso Rinpoche também supervisionou a tradução de uma coleção essencial de sadhanas, ou livretos de oração, para aquisições espirituais. Consulte o *website* da Editora Tharpa para conferir os títulos disponíveis em língua portuguesa.

Caminho de Compaixão para quem Morreu Sadhana de Powa para o benefício dos que morreram.

Caminho de Êxtase A sadhana condensada de autogeração de Vajrayogini.

Caminho para o Paraíso, O A prática de transferência de consciência (*Powa*) de Arya Tara.

Caminho Rápido ao Grande Êxtase A sadhana extensa de autogeração de Vajrayogini.

Caminho à Terra Pura Sadhana para o treino em Powa (a transferência de consciência).

As Centenas de Deidades da Terra Alegre de Acordo com o Tantra Ioga Supremo O Guru-Ioga de Je Tsongkhapa como uma Prática Preliminar ao Mahamudra.

Cerimônia de Powa Transferência de consciência de quem morreu.

Cerimônia de Refúgio Mahayana e Cerimônia do Voto Bodhisattva.

Cerimônia do Voto Pratimoksha de uma Pessoa Leiga.

A Confissão Bodhisattva das Quedas Morais A prática de purificação do Sutra Mahayana dos Três Montes Superiores.

Essência da Boa Fortuna Preces das seis práticas preparatórias para a meditação sobre as Etapas do Caminho para a iluminação.

Essência do Vajrayana Sadhana de autogeração do mandala de corpo de Heruka, de acordo com o sistema de mahasiddha Ghantapa.

O Estilo de Vida Kadampa As práticas essenciais do Lamrim Kadam.

Festa de Grande Êxtase Sadhana de autoiniciação de Vajrayogini.

Gota de Néctar Essencial Uma prática especial de jejum e de purificação em associação com Avalokiteshvara de Onze Faces.

Grande Libertação do Pai Preces preliminares para a meditação no Mahamudra em associação com a prática de Heruka.

Grande Libertação da Mãe Preces preliminares para a meditação no Mahamudra em associação com a prática de Vajrayogini.

A Grande Mãe Um método para superar impedimentos e obstáculos pela recitação do *Sutra Essência da Sabedoria* (o *Sutra Coração*).

O Ioga de Avalokiteshvara de Mil Braços Sadhana de autogeração.

O Ioga de Buda Amitayus Um método especial para aumentar tempo de vida, sabedoria e mérito.

O Ioga de Buda Heruka A sadhana essencial de autogeração do mandala de corpo de Heruka & Ioga Condensado em Seis Sessões.

O Ioga de Buda Maitreya Sadhana de autogeração.

O Ioga de Buda Vajrapani Sadhana de autogeração.

Ioga da Dakini A sadhana mediana de autogeração de Vajrayogini.

O Ioga da Grande Mãe Prajnaparamita Sadhana de autogeração.

O Ioga Incomum da Inconceptibilidade A instrução especial sobre como alcançar a Terra Pura de Keajra com este corpo humano.

O Ioga da Mãe Iluminada Arya Tara Sadhana de autogeração.

O Ioga de Tara Branca, Buda de Longa Vida.

Joia-Coração O Guru-Ioga de Je Tsongkhapa, associado à sadhana condensada de seu Protetor do Dharma.

Joia-que-Satisfaz-os-Desejos O Guru-Ioga de Je Tsongkhapa, associado à sadhana de seu Protetor do Dharma.

Libertação da Dor Louvores e pedidos às 21 Taras.

Manual para a Prática Diária dos Votos Bodhisattva e Tântricos.

Meditação e Recitação de Vajrasattva Solitário.

Melodioso Tambor Vitorioso em Todas as Direções O ritual extenso de cumprimento e de renovação de compromissos com o Protetor do Dharma, o grande rei Dorje Shugden, juntamente com Mahakala, Kalarupa, Kalindewi e outros Protetores do Dharma.

Nova Essência do Vajrayana A prática de autogeração do mandala de corpo de Heruka, uma instrução da Linhagem Oral Ganden.

Oferenda ao Guia Espiritual (Lama Chöpa) Uma maneira especial de confiar no nosso Guia Espiritual.

Oferenda Ardente do Mandala de Corpo de Heruka.

Oferenda Ardente de Vajrayogini.

Paraíso de Keajra O comentário essencial à prática do Ioga Incomum da Inconceptibilidade.

Pedido ao Sagrado Guia Espiritual Venerável Geshe Kelsang Gyatso, de seus Fiéis Discípulos.

Pedidos ao Senhor de Todas as Linhagens.

Prática Condensada de Buda Amitayus para Longa Vida.

Prece do Buda da Medicina Um método para beneficiar os outros.

Prece Libertadora *Louvor a Buda Shakyamuni.*

Preces para Meditação Preces preparatórias breves para meditação.

Preces pela Paz Mundial.

Preces Sinceras Preces para o rito funeral em cremações ou enterros.

Sadhana de Avalokiteshvara Preces e pedidos ao Buda da Compaixão.

Sadhana do Buda da Medicina Um método para obter as aquisições do Buda da Medicina.

O Tantra-Raiz de Heruka e Vajrayogini Capítulos Um e Cinquenta e Um do Tantra-Raiz Condensado de Heruka.

O Texto-Raiz: As Oito Estrofes do Treino da Mente

Tesouro de Sabedoria A sadhana do Venerável Manjushri.
União-do-Não-Mais-Aprender Sadhana de autoiniciação do mandala de corpo de Heruka.
Vida Pura A prática de tomar e manter os Oito Preceitos Mahayana.
Os Votos e Compromissos do Budismo Kadampa.

Os livros e sadhanas de Venerável Geshe Kelsang Gyatso Rinpoche podem ser adquiridos nos Centros Budistas Kadampa e Centros de Meditação Kadampa e suas filiais. Você também pode adquiri-los diretamente pelo *site* da Editora Tharpa.

Editora Tharpa (Brasil)
Rua Artur de Azevedo, 1360
Pinheiros
05404-003 São Paulo – SP
Tel: (11) 989595303
Web: www.tharpa.com/br
E-mail: contato.br@tharpa.com

Editora Tharpa (Portugal)
Rua Moinho do Gato, 5
2710-661 – Sintra, Portugal
Tel: 219 231 064
Web: www.tharpa.pt
E-mail: info@tharpa.pt

NKT-IKBU

Programas de Estudo do Budismo Kadampa

O Budismo Kadampa é uma escola do Budismo Mahayana fundada pelo grande mestre budista indiano Atisha (982–1054). Seus seguidores são conhecidos como "Kadampas": "Ka" significa "palavra" e refere-se aos ensinamentos de Buda, e "dam" refere-se às instruções especiais de Lamrim ensinadas por Atisha, conhecidas como "as etapas do caminho para a iluminação". Através de integrar o conhecimento de todos os ensinamentos de Buda com a prática de Lamrim, e de incorporar isso em suas vidas diárias, os budistas kadampas são incentivados a usar os ensinamentos de Buda como métodos práticos para transformar atividades diárias em caminho para a iluminação. Os grandes professores kadampas são famosos não apenas por serem grandes eruditos, mas também por serem praticantes espirituais de imensa pureza e sinceridade.

A linhagem desses ensinamentos – tanto sua transmissão oral como suas bênçãos – foi transmitida de professor a discípulo e se expandiu por grande parte da Ásia e, agora, por muitos países do mundo. Os ensinamentos de Buda, conhecidos como "Dharma", são comparados a uma roda que se desloca de um país a outro de acordo com a mudança das condições e tendências cármicas de seus habitantes. As formas externas de apresentar o Budismo podem mudar à medida que ele entra em contato com diferentes culturas e sociedades, mas sua autenticidade essencial é assegurada pela continuidade de uma linhagem ininterrupta de praticantes realizados.

O Budismo Kadampa foi apresentado pela primeira vez ao mundo moderno em 1977 pelo renomado mestre budista Venerável Geshe Kelsang Gyatso Rinpoche. Desde então, ele tem trabalhado incansavelmente para difundir o Budismo Kadampa por todo o mundo, dando extensos ensinamentos, escrevendo textos profundos sobre o Budismo Kadampa e fundando a Nova Tradição Kadampa-União Budista Kadampa Internacional (NKT-IKBU), que hoje congrega mais de 1.200 Centros Budistas Kadampa em todo o mundo. Cada um desses centros oferece programas de estudo sobre *psicologia*, *filosofia* e *instruções sobre meditação* budistas, bem como retiros para todos os níveis de praticantes. A ênfase está na integração dos ensinamentos de Buda na vida diária para solucionar nossos problemas humanos e difundir paz e felicidade duradouras por todo o mundo.

O Budismo Kadampa da NKT-IKBU é uma tradição budista totalmente independente e sem filiações políticas. É uma associação de centros budistas e de praticantes que se inspiram e se orientam a partir do exemplo e ensinamentos dos mestres kadampa do passado, conforme apresentados por Venerável Geshe Kelsang Gyatso Rinpoche.

Existem três razões pelas quais precisamos estudar e praticar os ensinamentos de Buda: para desenvolver nossa sabedoria, cultivar um bom coração e manter um estado mental pacífico. Se não nos empenharmos em desenvolver nossa sabedoria, sempre permaneceremos ignorantes da verdade última – a verdadeira natureza da realidade. Embora desejemos felicidade, nossa ignorância nos leva a cometer ações não-virtuosas, que são a causa principal de todo o nosso sofrimento. Se não cultivarmos um bom coração, nossa motivação egoísta destruirá a harmonia e as boas relações que temos com os outros. Não teremos paz nem chance de obter felicidade pura. Sem paz interior, a paz exterior é impossível. Se não mantivermos um estado mental pacífico, não seremos felizes, mesmo que tenhamos condições ideais. Por outro lado, quando nossa mente está pacífica, somos felizes, ainda que as condições exteriores sejam desagradáveis. Portanto, o desenvolvimento dessas qualidades é da maior importância para nossa felicidade diária.

Venerável Geshe Kelsang – ou "Geshe-la", como é afetuosamente chamado por seus alunos – organizou três programas espirituais especiais para o estudo e a prática sistemáticos do Budismo Kadampa. Esses programas são especialmente adequados para o mundo moderno: o Programa Geral (PG), o Programa Fundamental (PF) e o Programa de Formação de Professores (PFP).

PROGRAMA GERAL

O Programa Geral (PG) oferece uma introdução básica à visão, meditação e prática budistas que é ideal para iniciantes. Também inclui ensinamentos e práticas avançadas, tanto de Sutra como de Tantra.

PROGRAMA FUNDAMENTAL

O Programa Fundamental (PF) oferece uma oportunidade de aprofundar nossa compreensão e experiência do Budismo por meio do estudo sistemático de seis textos:

1. *Caminho Alegre da Boa Fortuna* – um comentário às instruções de Lamrim, as etapas do caminho para a iluminação, de Atisha.
2. *Compaixão Universal* – um comentário ao *Treino da Mente em Sete Pontos*, do Bodhisattva Chekhawa.
3. *Novo Oito Passos para a Felicidade* – um comentário às *Oito Estrofes do Treino da Mente*, do Bodhisattva Langri Tangpa.
4. *Novo Coração de Sabedoria* – um comentário ao *Sutra Coração*.
5. *Contemplações Significativas* – um comentário ao *Guia do Estilo de Vida do Bodhisattva*, do Bodhisattva Shantideva.

6. *Como Entender a Mente* – uma explicação detalhada da mente, com base nos trabalhos dos eruditos budistas Dharmakirti e Dignaga.

Os benefícios de estudar e praticar esses textos são:

(1) *Caminho Alegre da Boa Fortuna* – obtemos a habilidade de colocar em prática todos os ensinamentos de Buda, tanto de Sutra como de Tantra. Podemos facilmente fazer progressos e concluir as etapas do caminho para a felicidade suprema da iluminação. Do ponto de vista prático, o Lamrim é o corpo principal dos ensinamentos de Buda, e todos os demais ensinamentos são como seus membros.

(2) *Compaixão Universal* e (3) *Novo Oito Passos para a Felicidade* – obtemos a habilidade de integrar os ensinamentos de Buda em nossa vida diária e de solucionar todos os nossos problemas humanos.

(4) *Novo Coração de Sabedoria* – obtemos a realização da natureza última da realidade. Por meio dessa realização, podemos eliminar a ignorância do agarramento ao em-si, que é a raiz de todo o nosso sofrimento.

(5) *Contemplações Significativas* – transformamos nossas atividades diárias no estilo de vida de um Bodhisattva e, desse modo, tornando significativo cada momento da nossa vida humana.

(6) *Como Entender a Mente* – compreendemos a relação entre nossa mente e seus objetos exteriores. Se entendermos que os objetos dependem da mente subjetiva, poderemos mudar a maneira como esses objetos nos aparecem, por meio de mudar nossa própria mente. Gradualmente, vamos adquirir a habilidade de controlar nossa mente e, desse modo, solucionar todos os nossos problemas.

PROGRAMA DE FORMAÇÃO DE PROFESSORES

O Programa de Formação de Professores (PFP) foi concebido para as pessoas que desejam treinar para se tornarem autênticos professores de Dharma. Além de concluir o estudo de quatorze textos de Sutra e de Tantra (e que incluem os seis textos citados acima), o aluno deve observar certos compromissos que dizem respeito ao seu comportamento e estilo de vida e concluir um determinado número de retiros de meditação.

Um Programa Especial de Formação de Professores é também mantido pelo *Manjushri Kadampa Meditation Centre*, Ulverston, Inglaterra, e pode ser realizado tanto presencialmente como por correspondência. Esse programa especial de estudo e meditação consiste em doze cursos fundamentados nos seguintes livros do Venerável Geshe Kelsang Gyatso Rinpoche: *Como Entender a Mente*; *Budismo Moderno*; *Novo Coração de Sabedoria*; *Solos e Caminhos Tântricos*; *Guia do Estilo de Vida do Bodhisattva*, de Shantideva, e seu comentário - *Contemplações Significativas*; *Oceano de Néctar*; *Novo Guia à Terra Dakini*; *As Instruções Orais do Mahamudra*; *Novo Oito Passos para a Felicidade*; *O Espelho do Dharma com Adições*; *Essência do Vajrayana*; e *Caminho Alegre da Boa Fortuna*.

Todos os Centros Budistas Kadampa são abertos ao público. Anualmente, celebramos festivais em muitos países ao redor do mundo, incluindo dois festivais na Inglaterra, nos quais pessoas do mundo inteiro reúnem-se para receber iniciações e ensinamentos especiais e desfrutar de férias espirituais. Por favor, sinta-se à vontade para nos visitar a qualquer momento!

Para mais informações sobre os programas
de estudo da NKT–IKBU ou para encontrar
o seu Centro Kadampa local, por favor,
acesse www.tharpa.com/br/centros,
ou entre em contato com:

NO BRASIL

Centro de Meditação Kadampa Brasil
www.budismokadampa.org.br

Centro de Meditação Kadampa Mahabodhi
www.meditadoresurbanos.org.br

Centro de Meditação Kadampa Rio de Janeiro
www.meditario.org.br

Centro de Meditação Kadampa Campinas
www.budismocampinas.org.br

EM PORTUGAL

Centro de Meditação Kadampa Deuachen
www.kadampa.pt

Escritórios da Editora Tharpa no Mundo

Atualmente, os livros da Tharpa são publicados em inglês (americano e britânico), alemão, chinês, espanhol, francês, italiano, japonês e português (do Brasil e de Portugal), e estão disponíveis nos escritórios da Editora Tharpa listados abaixo.

Tharpa UK
Conishead Priory
Ulverston, Cumbria, LA12 9QQ
Reino Unido
Tel: +44 (0)1229-588599
Web: www.tharpa.com/uk
E-mail: info.uk@tharpa.com

Tharpa Estados Unidos
47 Sweeney Road,
Glen Spey, NY 2737, EUA
Tel: +1 845-856-5102
Toll-free: 888-741-3475
Fax: +1 845-856-2110
Web: www.tharpa.com/us
E-mail: info.us@tharpa.com

Tharpa África do Sul
26 Menston Rd., Dawncliffe,
Westville, 3629, KZN
Rep. da Àfrica do Sul
Tel : +27 (0) 31 266 0096
Web: www.tharpa.com/za
E-mail: info.za@tharpa.com

Tharpa Alemanha
Chausseestraße 108,
10115 Berlim, Alemanha
Tel: +49 (030) 430 55 666
Web: www.tharpa.com/de
E-mail: info.de@tharpa.com

Tharpa Ásia
1st Floor Causeway Tower,
16-22 Causeway Road,
Causeway Bay,
Hong Kong
Tel: +(852) 2507 2237
Web: www.tharpa.com/hk-en
E-mail: info.asia@tharpa.com

Tharpa Austrália
25 McCarthy Road,
Monbulk, VIC 3793
Austrália
Tel: +61 (0)3 9756-7203
Web: www.tharpa.com/au
E-mail: info.au@tharpa.com

Tharpa Brasil
Rua Artur de Azevedo, 1360
Pinheiros, 05404-003
São Paulo – SP
Brasil
Tel: +55 (11) 989595303
Web: www.tharpa.com/br
E-mail: contato.br@tharpa.com

Tharpa Canadá (em ingês)
631 Crawford Street
Toronto, ON M6G 3K1
Canadá
Tel: (+1) 416-762-8710
Fax: (+1) 416-762-2267
Web: www.tharpa.com/ca
E-mail: info.ca@tharpa.com

Tharpa Canadá (em francês)
835 Laurier est Montréal,
QC,H2J 1G2
Canadá
Tel: (+1) 514-521-1313
Web: www.tharpa.com/ca-fr
E-mail: info.ca-fr@tharpa.com

Tharpa Chile
Av. Seminario 589, Providencia,
Santiago, Chile
Tél: +56 (9) 91297091
+56 22 9935053
Web: www.tharpa.com/cl
Email: info.cl@tharpa.com

Tharpa Espanha
Calle La Fábrica 8, Majadahonda
Madrid, 28221
Espanha
Tel.: +34 911 124 914
Web: www.tharpa.com/es
E-mail: info.es@tharpa.com

Tharpa França
Château de Segrais
72220 Saint-Mars-d'Outillé,
França
Tél /Fax: +33 (0)2 52 36 03 89
Web: www.tharpa.com/fr
E-mail: info.fr@tharpa.com

Tharpa Japão
KMC Tokyo
2F Vogue Daikanyama II,
13-4 Daikanyama-cho,
Shibuya-ku, Tóquio,
150-0034, Japão
Web: kadampa.jp
E-mail: info@kadampa.jp

Tharpa México
Enrique Rébsamen nº 406,
Col. Narvate Poniente
Ciudad de México, CDMX,
C.P. 03020, México,
Tel & Fax: +52 (55) 56 39 61 80
+52 (55) 56 39 61 86
Web: www.tharpa.com/mx
Email: info.mx@tharpa.com

Tharpa Nova Zelândia
2 Stokes Road, Mount Eden,
Auckland 1024, Nova Zelândia
Tel: +64 09 631 5400
DD Mobile: +64 21 583351
Web: www.tharpa.com/nz
E-mail: info.nz@tharpa.com

Tharpa Portugal
Rua Moinho do Gato, 5
Várzea de Sintra
Sintra, 2710-661 – Portugal
Tel.: +351 219 231 064
Web: www.tharpa.pt
E-mail: info@tharpa.pt

Tharpa Suécia
c/o KMC Stockholm,
Upplandsgatan 18, 113 60
Estocolmo, Suécia
Tel: +46 (0) 72 251 4090
Email: info.se@tharpa.com

Tharpa Suiça
Mirabellenstrasse 1
CH-8048 Zurique, Suíça
Tel: +41 44 461 36 88
Web: www.tharpa.com/ch
E-mail: info.ch@tharpa.com

Leituras Recomendadas

Se você apreciou a leitura deste livro e deseja encontrar mais informações sobre o pensamento e a prática budistas, apresentamos alguns outros livros do Venerável Geshe Kelsang Gyatso Rinpoche que você poderá gostar de ler ou ouvir. Eles estão disponíveis pela Editora Tharpa.

COMO TRANSFORMAR A SUA VIDA
Uma Jornada de Êxtase

Um manual prático para a vida diária, que mostra como podemos desenvolver e manter paz interior, reduzir e interromper a experiência de nossos problemas, e como podemos promover mudanças positivas nas nossas vidas, que nos permitirão experienciar felicidade profunda e duradoura. Esta é uma nova edição, substancialmente revista, de um dos mais populares e acessíveis livros do Venerável Geshe Kelsang.

BUDISMO MODERNO
O Caminho de Compaixão e Sabedoria

Ao desenvolver e manter compaixão e sabedoria na vida diária, podemos transformar nossas vidas, melhorar nossos relacionamentos com os outros e ver além das aparências, enxergando o modo como as coisas realmente existem. Dessa maneira, podemos solucionar todos os nossos problemas diários e realizar o verdadeiro sentido da nossa vida humana. Com compaixão e sabedoria, como as duas asas de um pássaro, podemos alcançar rapidamente o mundo iluminado de um Buda.

E-Books Grátis

Venerável Geshe Kelsang deseja tanto que todos tenham acesso a estas práticas e ensinamentos, que pediu à Editora Tharpa disponibilizar os livros ***Budismo Moderno*** e ***Como Transformar a sua Vida*** gratuitamente em formato e-book. Baixe agora em **Tharpa.com**

COMO ENTENDER A MENTE
A Natureza e o Poder da Mente

Este livro oferece um *insight* profundo sobre a nossa mente e mostra como uma compreensão da sua natureza e de suas funções pode ser utilizada de modo prático na nossa experiência diária para melhorar a nossa vida.

A primeira parte é um guia prático que mostra como identificar e abandonar estados mentais que nos prejudicam e substituí-los por estados mentais pacíficos e benéficos. A segunda parte descreve, em detalhe, diferentes tipos de mente, revelando a extensão e profundidade da compreensão budista sobre a mente. O livro conclui com uma explicação detalhada das meditações que conduzem a um estado duradouro de alegria, independente das condições exteriores.

CAMINHO ALEGRE DA BOA FORTUNA
O Caminho à Felicidade Suprema da Iluminação

Todos nós temos o potencial para a autotransformação e uma capacidade ilimitada para o desenvolvimento de boas qualidades, mas para realizar esse potencial precisamos saber o que fazer a cada etapa da nossa jornada espiritual.

Este livro oferece uma explicação detalhada do caminho completo para a iluminação, com os ensinamentos de Buda apresentados passo-a-passo, tornando muito fácil para o leitor moderno colocá-los em prática. Um guia perfeito para o caminho budista.

"Este livro é de valor incalculável." *World Religions in Education*

O ESPELHO DO DHARMA COM ADIÇÕES
Como Encontrar o Verdadeiro Significado da Vida Humana

Este livro dá conselhos práticos sobre como podemos solucionar os nossos problemas diários causados pelo desejo descontrolado, raiva e ignorância, e como podemos tornar a nossa vida humana significativa. O autor explica, na forma de instruções práticas, o caminho completo para a iluminação, com base na sua profunda experiência obtida ao longo de toda uma vida dedicada à meditação.

AS INSTRUÇÕES ORAIS DO MAHAMUDRA
A Verdadeira Essência dos Ensinamentos, de Sutra e de Tantra, de Buda

Este precioso livro revela a prática incomum do Mahamudra tântrico da Linhagem Oral Ganden, que o autor recebeu diretamente do seu Guia Espiritual, Vajradhara Trijang Rinpoche. Ele explica, de maneira clara e concisa, todo o caminho espiritual – desde as práticas preliminares iniciais até as etapas de conclusão finais do Tantra Ioga Supremo, que nos permitem alcançar a plena iluminação nesta vida.

NOVO OITO PASSOS PARA A FELICIDADE
O Caminho Budista da Bondade Amorosa

Este livro inspirador explica como podemos transformar todas as dificuldades da vida em valiosos *insights* espirituais, através de meditar num dos ensinamentos mais amados do Budismo, *As Oito Estrofes do Treino da Mente*, escrito pelo grande Bodhisattva tibetano Geshe Langri Tangpa. O autor revela maneira práticas através das quais podemos utilizar essa sabedoria atemporal para encontrar felicidade duradoura e significativa na nossa atribulada vida moderna.

> "(...) induz calma e compaixão no mais íntimo do nosso ser."
> *New Humanity Journal*

INTRODUÇÃO AO BUDISMO
Uma Explicação do Estilo de Vida Budista

Um livro ideal para todos os interessados em Budismo e meditação. Este livro apresenta os princípios centrais por detrás do estilo de vida budista – tais como meditação, renascimento e carma – como instrumentos para desenvolver qualidades como paz interior, amor e paciência.

> "Uma introdução clara, brilhante e concisa a esse vasto tema. Altamente recomendado". *Yoga & Health Magazine*

COMO SOLUCIONAR NOSSOS PROBLEMAS HUMANOS
As Quatro Nobres Verdades

Este livro mostra de que modo o popular ensinamento de Buda sobre as Quatro Nobres Verdades pode ajudar-nos a solucionar problemas humanos básicos, como insatisfação e raiva, e oferece uma exposição clara e profunda sobre nossa experiência humana e de nosso potencial para alcançar profunda liberdade interior.

> "Este livro oferece paz mental nestes tempos conturbados".
> *Publishing News*

CONTEMPLAÇÕES SIGNIFICATIVAS
Como nos Tornar um Amigo do Mundo

Muitas pessoas têm o desejo compassivo de beneficiar os outros, mas poucas compreendem como realizá-lo efetivamente na vida diária. Os Bodhisattvas são amigos do mundo – eles possuem uma compaixão tão forte que são capazes de transformar todas as suas atividades diárias em meios para beneficiar os outros.

O caminho dos Bodhisattvas foi primorosamente explicado no poema universalmente amado *Guia do Estilo de Vida do Bodhisattva*. Com este comentário, toda a profundidade e efetividade desse maravilhoso poema são plenamente reveladas e apresentadas e tornadas aplicáveis para o nosso tempo.

O VOTO BODHISATTVA
Um Guia Prático para Ajudar os Outros

Como empenhar-se nas práticas essências do Budismo Mahayana por meio de tomar e manter os votos bodhisattva – orientações práticas para uma vida compassiva –, incluindo uma prática de purificação baseada no *Sutra dos Três Montes Superiores*. Com este manual como nossa companhia, podemos ingressar no estilo de vida do Bodhisattva e avançar, com confiança, pelo caminho da plena iluminação.

COMPAIXÃO UNIVERSAL
Soluções Inspiradoras para Tempos Difíceis

O coração dos ensinamentos de Buda são o amor e a compaixão incondicionais. Esta explicação inspiradora do popular poema budista *Treinar a Mente em Sete Pontos* revela métodos poderosos e abrangentes para desenvolvermos esses estados altruístas. Técnicas meditativas ancestrais, que têm sido testadas e aprovadas por séculos, são trazidas à vida e tornadas relevantes para as nossas experiências do dia-a-dia.

"Este livro pode ser lido com muito proveito por todos aqueles cuja religião requeira o exercício da compaixão." *Faith and Freedom*

Para adquirir as nossas publicações, por favor, visite **Tharpa.com** ou entre em contato com a Editora Tharpa mais próxima (para uma lista das Editoras Tharpa em todo o mundo, ver páginas 211–213).

Encontre um Centro de Meditação Kadampa Próximo de Você

Para aprofundar sua compreensão deste livro e de outros livros publicados pela Editora Tharpa, assim como a aplicação desses ensinamentos na vida diária, você pode receber ajuda e inspiração de professores e praticantes qualificados.

As Editoras Tharpa são parte da comunidade espiritual da Nova Tradição Kadampa. Esta tradição possui mais de 1.200 Centros e filiais em mais de 40 países ao redor do mundo. Todos os Centros e suas filiais oferecem aulas de estudo e meditação com base neste e em outros livros sobre Budismo moderno e meditação, ensinados por professores qualificados. Para mais detalhes, consulte *Programas de Estudo do Budismo Kadampa* (ver páginas 205–210).

Essas aulas proporcionam uma oportunidade especial para explorar os temas apresentados nos livros do Venerável Geshe Kelsang Gyatso Rinpoche e foram desenvolvidas para se adequarem confortavelmente ao estilo de vida moderno.

Para encontrar o seu Centro Kadampa local, visite: tharpa.com/br/centros